# La pensée chiite contemporaine à l'épreuve de la Révolution iranienne

**COLLECTION L'IRAN EN TRANSITION**
Dirigée par Ata Ayati

*L'IRAN sous la présidence de Mahmoud Ahmadinejad. Bilan et perspective.* Sous la direction de Djamchid ASSADI, 2009.

M. A. ORAIZI, *L'Iran : un puzzle ?* 2010.

Hassan PIROUZDJOU, *L'Iran, au début du XVI^e siècle*. Préface Francis Richard, 2010.

David RIGOULET-ROZE, *L'Iran pluriel. Regards géopolitiques.* Préface de François Géré, 2011.

Mélissa LEVAILLANT, *La politique étrangère de l'Inde envers l'Iran. Entre politique de responsabilité et autonomie stratégique (1993-2010).* Préface de Bertrand Badie, 2012.

Bijan GHALAMKARIPOUR, *L'univers mental des Iraniens : Approche sociologique des proverbes et des maximes persans*. Préface de Claude Javeau, 2012.

*L'Iran et les grands acteurs régionaux et globaux. Perceptions et postures stratégiques réciproques*. Sous la direction de Michel MAKINSKY, 2012.

Alain CHAOULLI, *Les Juifs d'Iran à travers leurs musiciens*. Préface de Pierre Lafrance, 2012.

Djamchid ASSADI, *La rente en République islamique d'Iran : Les mésaventures d'une économie confisquée*, 2012.

Alain CHAOULLI, L'*avènement des jeunes bassidji de la République islamique d'Iran. Une étude psychosociologique*, Préface de Farhad Khosrokhavar, 2012.

Mohsen Mottaghi

# La pensée chiite contemporaine à l'épreuve de la Révolution iranienne

Préface de Farhad Khosrokhavar

**Du même auteur**

*« Négahi be ara et assar Farhad Khosrokhavar »* (Un regard sur l'œuvre et les idées de Farhad Khosrokhavar) Téhéran, éd., Nazar, 2007 (en persan)

Le Moyen-Orient, n° 6, juin-juillet 2010 (Coordinateur)


5-7, rue de l'École Polytechnique ; 75005 Paris
http:/www.librairieharmattan.com
diffusion.harmattant@wanadoo.fr
harmattan@wandoo.fr
ISBN : 978-2-336-00235-4

*À Valérie*

*À mes enfants :*

*Adèle,*

*Armand*

*et Anna*

# Remerciements

Mes remerciements vont tout d'abord à Farhad Khosrokhavar pour ses encouragements, sa disponibilité, l'intérêt qu'il porte à mon travail. Je remercie également mon ami Saeed Paivandi avec qui j'échange régulièrement au sujet de mes recherches. Tout au long de la rédaction du livre j'ai bénéficié de l'aide précieuse et généreuse de mon ami Marcel et de son épouse que je remercie vivement.

Je n'oublie pas mes parents, qui m'ont élevé dans un esprit de tolérance et de liberté sans jamais chercher à m'imposer leurs convictions.

Je souhaite enfin exprimer ma gratitude envers Ata Ayati sans qui ce livre n'aurait pas abouti.

*Morteza Motahhari*

*Ali Shariati*

*Abdolkarim Soroush*

*Mohamad Mojtahed Shabestari*

*Hasan Yosofi Eshkevâri*

*Mohsen Kadivar*

# Préface

L'OUVRAGE que voici est le résultat de plusieurs années de recherches couronnées par une thèse sur les intellectuels religieux iraniens il y a quelques années. Depuis, Mohsen Mottaghi a continué sa recherche en l'actualisant constamment, en publiant des articles en persan et en français sur ce sujet, trouvant aussi l'occasion de mettre ses thèses en discussion avec les étudiants de l'EHESS dans un séminaire sur l'Iran contemporain que nous animons à trois, Saeed Paivandi, Mohsen Mottaghi et moi-même.

Cette recherche est la plus exhaustive et la plus élaborée que je connaisse sur ce sujet en français, mais tout aussi bien, j'ose m'avancer, dans les autres langues occidentales. Mottaghi ne se contente pas d'aligner les idées de ces intellectuels, mais il les inscrit dans un champ où l'Iran post-révolutionnaire répond en écho aux préoccupations de ces nouveaux penseurs.

Pour comprendre la problématique de ces penseurs religieux, il faut les placer, comme le fait Mottaghi, dans le contexte historique spécifique de l'Iran, marqué par une révolution aboutissant à un système théocratique. Le renouveau de la pensée Islamique en Iran dans les années 1960, avec l'émergence de Shariati, Motahhari et quelques autres penseurs chiites engagés, était marqué par le refus de la démocratie comme système de pensée occidental mais aussi, comme avatar de l'impérialisme. Ces intellectuels étaient en quête d'une troisième voie, entre le marxisme dans sa version communiste et le capitalisme. Dans cette recherche, les intellectuels religieux, tout en se distinguant du courant marxiste (voire s'y opposant sur certains points) n'en étaient pas moins influencés par celui-ci, voire lui étaient apparentés dans leur souci de rejeter la démocratie bourgeoise et son caractère aliénant pour l'humanité, en particulier son impérialisme et son consumérisme.

La Révolution islamique opère comme une rupture profonde avec le régime pro-occidental, sécularisé et autoritaire du chah. La conséquence n'en est pas pour autant la libération de l'homme et l'instauration du paradis sur terre, mais l'apparition, puis la consolidation d'un système théocratique qui est marqué par un autoritarisme politique tout aussi contraignant sinon davantage que par le passé, la concentration du pouvoir aux mains d'un individu au nom de sa légitimité Islamique et la marginalisation de la société dans ses aspirations à l'ouverture politique et à la justice sociale.

Les travaux de Mohsen Mottaghi montrent que les intellectuels réformistes religieux sont marqués surtout par ce constat qui montre l'échec de la Révolution islamique à mettre fin à l'arbitraire et au despotisme. Leur préoccupation majeure est de contester la légitimité de la version de l'Islam qui a abouti à la théocratie Islamique (le *Vélayat Faqih*, le Gouvernement du Juriste Islamique) et l'ouverture de l'Islam à la démocratie.

L'écroulement du mur de Berlin dix ans après la Révolution islamique en 1989 vient approfondir la désillusion des intellectuels iraniens qui constatent cette fois l'échec des pensées totalisantes et holistiques, que ce soit dans sa version Islamique ou marxiste. Le discrédit jeté sur ces deux piliers de la sous-culture d'une grande partie des intellectuels iraniens que sont l'Islamisme radical et le communisme, ouvre la voie pour un nouveau débat sur la légitimité de la démocratie au sein de la pensée Islamique.

Comme le montre bien Mottaghi, ce débat se conjugue de multiples façons : soit au sein du droit Islamique, tel que le mène Kadivar, soit en référence à une vision religieuse ouvrant la voie à la mystique Islamique dans une version modernisée (Soroush et Shabestari), soit en référence au legs de Shariati (Eshkevâri), en tout état de cause en rupture avec les penseurs chiites révolutionnaires et notamment l'ayatollah Khomeiny qui avaient pensé le politique dans le cadre d'un « pouvoir Islamique » dont la légitimité se déclinait en relation avec le sacré émanant d'une religion d'Allah au préalable idéologisée.

L'articulation entre l'Islam et la démocratie se fait chez ces penseurs en renonçant à « l'arrogance » d'une vision que partageaient Shariati, Motahhari et Khomeiny, à savoir que l'Islam avait réponse à tout, le travail de l'intellectuel consistant à actualiser ce qui, potentiellement était présent dans la religion d'Allah. Les penseurs clés qui se réclament du réformisme religieux renoncent à cette prétention à tout savoir ou tout connaître de la part de la religion d'Allah : l'Islam n'a pas de réponse à tout et l'entreprise à mener consiste dès lors à montrer que l'Islam « se restreint », « se contracte », laissant le politique à la discrétion des hommes, se contentant de moraliser le rapport du croyant avec les autres et libérant son intériorité de l'emprise d'une religiosité où la spiritualité était asservie à la théocratie. Affirmer la prépondérance du spirituel dans la religion, détacher l'Islam du politique au sens théocratique du terme, conjuguer droit Islamique, droits de l'homme et droit à la liberté religieuse et ouvrir la voie à la démocratie au nom même de l'Islam et de son renoncement à dominer le politique, telles sont les tâches que se prescrivent les nouveaux intellectuels religieux en Iran. Pour ce faire, ces intellectuels mettent le doigt sur ce qui est problématique dans la pensée religieuse, à savoir le droit à l'apostasie, à l'égalité de l'homme et de la femme (même si c'est la partie timide de leur contribution), les minorités religieuses....

Mottaghi en montre les articulations et les méandres de ces pensées, il souligne comment ces nouveaux intellectuels, influencés par la pensée occidentale (Soroush est imbu de la pensée poppérienne, Shabestari est fasciné par l'herméneutique développée par les penseurs allemands du XXe siècle) parviennent à faire une nouvelle synthèse entre l'Islam et la modernité en mettant en avant la démocratie comme forme légitime de construction du politique au sein même d'un Islam spiritualisé, détaché de la prétention à dominer la vie sociale au nom d'une vision théocratique du religieux. Ne serait-ce que pour cette raison, le livre de Mottaghi est désormais incontournable pour comprendre la spécificité de ces penseurs dans le champ intellectuel Islamique contemporain.

**Farhad Khosrokhavar**

*Directeur d'études à l'École des Hautes Études en Sciences Sociales*

# Introduction

*Il y a des époques où toute une génération se trouve coincée entre deux temps, entre deux genres de vie, tant et si bien qu'elle en perd toute spontanéité, toute moralité, toute fraicheur d'âme. Naturellement chacun ne ressent pas cela avec la même intensité.*

Hermann Hesse « Le loup des steppes »

PLUS de trente ans nous séparent de la révolution iranienne mobilisant tout un peuple contre un pouvoir politique jugé intolérable. L'enthousiasme du mouvement a été partagé par l'Occident, et un certain Michel Foucauld est venu en Iran, soutenir une politique « spirituelle ». La victoire d'une révolution au nom d'une religion, a eu pour conséquence toute une série de réflexions et de publications sur la nature de ce nouveau régime, issu de la révolution. Des débats passionnés ont mis en avant la spécificité de l'Islam chiite, au risque de se cantonner à des discussions de spécialistes. Le chiisme est devenu objet de polémiques et d'écrits politiques, souvent partisans. Mohammad Ali Amir-Moezzi et Christian Jambet posent un diagnostic, dont il faut reconnaître le bien-fondé : « aux yeux du public, le chî'isme ne désigne, le plus souvent, qu'un ensemble de représentations confuses, changeant au gré de l'actualité, fait d'obscurantisme, de régression, d'intolérances variées, de violence politique, et le shî'isme est une figure de style pour désigner « l'Islam radical », voire « l'Islam terroriste »[1]. L'Iran a aussi été perçu comme « terroriste » cherchant à « rayer Israël de la carte », voulant « exporter sa révolution», soutenant « les mouvements extrémistes à l'étranger ». Cette lecture possède quelques fondements. Il existe peut-être une autre lecture, qu'une réalité plus complexe laisse entrevoir sans risque d'idéalisation naïve. Beaucoup ont voulu réduire l'Iran à l'islamisme et au fondamentalisme. Cette vision a envahi l'espace intellectuel, au détriment de tout autre point de vue qui tiendrait compte d'une dynamique interne, engagée par de nouveaux acteurs de la scène nationale. Abdou Filali-Ansary en a fait judicieusement la remarque : « le courant d'idées, ou plutôt la collection d'initiatives théoriques qui trace un chemin différent et pointe vers d'autres horizons, s'est trouvé complètement occulté »[2].

C'est à cet autre chemin, et à cette société sous-jacente que ce travail veut apporter une contribution. Il faut attendre presque deux décennies pour voir apparaitre de nouveaux acteurs dans la société iranienne. La victoire de Khâtami, lors de l'élection présidentielle de 1997, peut être considérée comme une date clé. Durant ses deux mandats, le constat est fait d'une volonté d'ouverture et du souci de préserver la société civile de l'intervention de l'État. Sont également favorisés, timidement, la liberté de presse, et le dialogue des civilisations. C'est alors que la part occultée s'est le mieux manifestée. Les paradigmes révolutionnaires ont été mis en cause, ainsi que les valeurs fondamentales sur lesquelles reposait le régime. La place de la religion elle-même, était entièrement reconsidérée, même si la contestation s'est faite en son nom, pour mieux la défendre et l'incarner. L'idéologie dominante s'est

.........................

1- Amir-Moezzi M.A. & Jambet C., *Qu'est-ce que le shî'isme*, Paris, Fayard, 2004, p. 15.

2- Filali-Ansary A., *Réformer l'Islam ? Une introduction aux débats contemporains*, Paris, La Découverte, 2003.

trouvée mise en cause par ceux-là mêmes qui avaient participé à la création du régime et à sa diffusion. Pour ces nouveaux acteurs, l'échec de l'Islam politique sert de point de départ pour élaborer une nouvelle réflexion et une vision critique de cette religion. C'est cette conscience aiguë d'un changement de cap nécessaire, qui crée le mouvement intellectuel religieux iranien, donnant naissance à ce que Farhad Khosrokhavar a appelé le post-islamisme.

La littérature existante révèle bien cette ignorance. Les rares auteurs qui ont porté un regard sur le débat intellectuel, ou sur sa place dans les transformations de la société iranienne, s'en sont tenus à des informations très minimales. Bien souvent, A. Soroush, est cité et de manière assez incomplète[3]. Ainsi, l'un des premiers travaux sur le champ intellectuel iranien de M. Borujerdi, publié au milieu des années 90[4], aborde la question de l'Occident et de sa représentation, parmi les intellectuels. Il ne s'appuie que sur le débat qui oppose Soroush et Davari. Quant à l'ouvrage de F. Jahanbakhsh, prolixe pour la phase pré-révolutionnaire, il ne fait pas mention de la diversité intellectuelle post-révolutionnaire, et son chapitre sur la pensée politique s'arrête à Soroush. Pas de référence, à l'effervescence intellectuelle de l'époque, ni aux interlocuteurs de cet auteur[5]. En langue française, Yann Richard, qui a regretté l'absence de pensée créative en théologie dans un pays marqué par une révolution islamique, n'évoque, explicitement dans un article, que la polémique entre Soroush et Davari[6]. Farhad

.........................

3- En français nous ne disposons d'aucune présentation générale de cet auteur. Dans un livre consacré aux nouveaux penseurs de l'Islam, l'auteur lui consacre un chapitre, qui, avant tout s'appuie sur un seul livre publié en anglais. Benzine R., *Les nouveaux penseurs de l'Islam*, Paris, Albin Michel, 2004.

4- Boroujerdi M., *Iranian intellectuals and the west: The tormented triumph of nativism*, New York,1996.

5- Jahanbakhsh F., Islam, democracy and religious modernism in *Iran (1953-2000): From Bazargan to Soroush*, Leiden, 2001.

6- Richard Y., Clercs et intellectuels dans la République islamique d'Iran,

Khosrokhavar, lui, a été davantage marqué par la naissance d'un mouvement original. Le « post-islamisme » qualifie une catégorie nouvelle d'intellectuels, dont il remarque qu'après une longue période d'activité en mouvance islamiste, ils ont pris leur distance, par rapport au pouvoir politique. Leur interprétation de la religion rompt fermement avec cette idéologie révolutionnaire qu'ils ont servie[7]. Son livre, publié avec Olivier Roy, développe cette thèse et se contente à décrire les grandes lignes des idées de trois d'entre eux : Soroush, Shabestari et Kadivar[8]. Tel est le bilan d'un rapide tour d'horizon des publications françaises ou anglaises. La vision du champ intellectuel est réduite à quelques acteurs isolés.

La grande originalité de ce mouvement, incarné par les intellectuels religieux, réside dans sa capacité à critiquer la religion d'État et le combat pour un espace de liberté d'expression, afin de favoriser un pluralisme politique et religieux. C'est de cette diversité et de cette pluralité, dont ce travail veut témoigner et rendre compte. Certes il ne faut pas réduire la scène politique et culturelle de l'Iran à cet espace, ni négliger le poids politique qui frappe le pays. Il s'agit seulement de rendre compte d'un mouvement intellectuel fort, qui, malgré les obstacles, continue d'exister.

Il faut dire, que l'option religieuse qu'a prise la révolution iranienne, a créé un système politique qui ne correspond à aucune catégorie philosophique ou théologique antérieure. D'où un engagement dans une recherche qui interroge sociologie, philosophie, théologie et politologie. L'imbrication de ces

in *Intellectuels et militants de l'Islam contemporain* (dir.), Gilles Kepel et Yann Richard, Paris, Seuil, 1990.

7- Khosrokhavar F., « Les intellectuels post-islamistes en Iran », *in Awal,* n° 11,1994. Khosrokhavar F., « Le nouvel individu en Iran », In *CEMOTI*, n° 26, Paris, 1998.

8- Khosrokhavar F. et Roy O., *Iran : Comment sortir d'une révolution religieuse ?* Paris, Seuil, 1999.

approches nouvelles a puissamment provoqué l'imaginaire de chercheurs, portés par une révolution, où l'on parle, et décrète un retour du religieux et du sacré. Les chercheurs qui ont insisté sur une mobilisation populaire marquée par la religion ne se trompent pas. Voir dans cette mobilisation une révolution exclusivement religieuse, ne semble pas être pertinent. Lire la religiosité de cette mobilisation, sous le seul angle du particularisme chiite, demanderait plus de précautions encore.

Face à l'idéologie dominante, naissent des acteurs nouveaux capables de se distancier par rapport à l'Islam politique et le développement d'une culture de rupture face à des idéaux révolutionnaires. Faute de ce regard, plusieurs chercheurs se sont arrêtés à des catégories telles que « islamisme », « fondamentalisme » ou « intégrisme ». Ces qualificatifs sont devenus, in fine, des pseudo-facteurs explicatifs, peu interrogés sur leur pertinence. Il faut, certes, reconnaître que la sacralisation du politique, marquée par la revendication islamique de cette révolution, a fonctionné pendant près d'une décennie. L'analyse religio-centrique a saturé tout l'espace de l'interprétation, oubliant d'être attentive aux failles qui pouvaient commencer à apparaitre aux forces régressives de la religion.

Pourtant, les sociétés humaines sont rarement unidimensionnelles, quel que soit l'objet d'étude, religieux, politique ou culturel. Après l'institutionnalisation du mouvement social, qui a produit la révolution, de nouveaux mouvements sociaux ont émergé, de nouveaux avenirs ont été envisagés. Le rapport entre religion et politique, que la synthèse Khomeinyste semblait avoir définitivement établi, a été inlassablement réinterrogé et remanié.

Mais, laissons là cette analyse globale, pour nous centrer sur ces religieux réformateurs post-islamistes. Ces hommes, acteurs du renversement du régime impérial Pahlavi, ont adhéré à la République toute neuve, qui, conformément à leur souhait, voulait réconcilier le gouvernement du peuple et l'adhésion à l'Islam. Leur expérience du nouveau pouvoir, même courte, même à des fonctions importantes, en a fait des observateurs privilégiés. Leur alliance tacite avec un clergé, alors en position de force et de quasi-monopole dans les instances du pouvoir, les a aussi marqués. Ils ont plus ou moins été satisfaits de l'évolution de la société iranienne, qui a embrigadé leurs espérances dans un Islam politique. Cette alliance a consolidé le régime, et, finalement, s'est rendue complice de la liquidation des nouveaux opposants. Une décennie après la révolution, des événements, nationaux, internationaux ou militaires, ont laissé leur empreinte dans la conscience de ces intellectuels engagés dans la révolution. L'échec de la Révolution islamique, la guerre longue et meurtrière Iran-Irak, la défaite ou l'impossibilité d'exporter la Révolution islamique, la mort de Khomeiny, l'effondrement du communisme soviétique, ont marqué les acteurs intellectuels.

Certains facteurs internes ont fortement favorisé ce mouvement, souvent indirectement. Il serait peut-être nécessaire d'en rappeler quelques-uns : La création du *Centre d'Etudes Stratégiques*, destiné à la formation d'une nouvelle élite, a eu sur le plan d'une formation technique, un rôle moteur. Ce centre devient aussi l'incubateur d'une idéologie nouvelle qui veut rompre avec les paradigmes révolutionnaires. Il abritera des personnalités comme l'Ayatollah M. Khoiniha (proche de Khomeiny), A. Abdi (l'un des initiateurs de la prise d'otages de l'ambassade américaine), M. Kadivar, mais aussi ceux qui deviennent les défenseurs inconditionnels de l'ouverture politique lors de la victoire de M. Khâtami, comme A. Alavitabar, S. Hajarian et H. Jalai-Pour. Ce *Centre,* en favorisant les études à l'étranger, a ouvert aussi une vision critique. Parallèlement à son type de formation très ciblée, dès la présidence de Rafsandjani, l'État iranien favorise le départ d'étudiants à l'étranger, pour qu'ils y enrichissent leurs répertoires intellectuels. L'objectif était de mieux défendre, et soutenir la République islamique. C'est dans ce cadre qu'un certain nombre de futures figures du réformisme ont poursuivi une partie de leurs études en Angleterre.

Cette dynamique politique et culturelle ne fut pas le seul facteur d'émergence de cette nouvelle élite religieuse contestataire. Le rôle de Soroush a été indéniable et déterminant[9]. Autour de lui, un noyau d'intellectuels prend consistance. Celui-ci comprend des personnalités comme M. Shamsolvaézine, M. Rokhséfat, R. Téhrani – (tous les trois seront à l'origine de la fondation de la revue, *Kian*). Les premiers articles de Soroush, publiés dans *Kéyhané farhangui*, ultérieurement regroupés dans « Contraction et dilatation théorique de la *charia* »[10], sont, généralement, considérés comme le manifeste des intellectuels post-Islamistes.

Pour approfondir cette hypothèse qui insiste sur le débat, restons-en donc encore un instant à la revue *Kian*. Le premier numéro de la revue est une illustration de la direction sociale qui se dessine. Il convie tous ceux et celles qui souhaitent développer un discours nouveau sur la société iranienne, à se joindre à eux, et à s'exprimer. Cette revue s'inscrit dans une perspective de renouveau du débat et, si elle souhaite faire donner de la voix aux « intellectuels religieux, elle invite cependant les autres courants de pensée à se saisir de cette arène sécularisée, pour donner forme à leur vision. La revue relève plutôt des sciences sociales, ou de la philosophie politique en proposant un espace au débat public, pour que se disent les contradictions, les dilemmes et les impasses où s'enferme la société. Elle publie régulièrement des articles de Soroush, très

9- Jalai-Pour H.R., *« Jaméshénassi jonbéshhai éjtémai »* (La sociologie des mouvements sociaux), Téhéran, éd., Tarhé now, 1992.

10- Soroush A., *« Ghabz va basté théorique chariat »* (Contraction et dilatation théorique de la *charia*), Téhéran, éd., Serat, 1990.

critique sur les interprétations du clergé iranien et sur son discours sur l'Islam. C'est lui qui, pour la première fois, fera une critique rationnelle, à l'encontre de l'entreprise de Shariati, l'homme des années 60-80, mort à la veille de la révolution, et, qui a tant compté dans la préparation de cette révolution. En le présentant comme le symbole d'une vision de l'Islam qui tente d'introduire la religion dans l'espace public en le politisant, Soroush et ses partisans vilipendent la subordination du politique au religieux. S'ils récusent cet Islam politique incarné par le nouveau pouvoir des clercs, ils contestent aussi l'Islam idéologique de Shariati. Shabestari, un clerc, se démarque de l'idéologie officielle, et sa thèse, qu'il étaye dans une série d'articles, affirme que les savoirs religieux n'ont de caractère que séculier. Il s'appuie sur l'herméneutique pour critiquer la prétention du clergé à posséder des savoirs atemporels ou absolus. Il rejette donc explicitement la « version officielle de l'Islam», celle du clergé au pouvoir. Son Islam se fonde aussi sur les sciences modernes, et les savoirs philosophiques. Mohsen Kadivar, comme quelques-uns de sa génération, abandonne les études scientifiques, pour se consacrer au droit musulman, et développe, sous l'influence de son maître l'ayatollah Montazeri, une des critiques les plus conséquentes du pouvoir clérical. Fin connaisseur de la tradition théologique et des textes fondamentaux de l'Islam chiite, il montre la possibilité de rejeter le pouvoir politique, sans pour autant mettre en cause la religion musulmane. C'est en distinguant la foi (qui relève de l'intériorité du croyant), et la gestion de l'espace politique (qui relève de la raison humaine), qu'il reconnaît une légitimité à chacun de ces deux registres, tout en les maintenant séparés. Ce mouvement intellectuel possède aussi des entrées politiques et culturelles, mais il s'exprime encore par d'autres biais. Par exemple, certains des intellectuels réformateurs, comme, H. Aghajari, S. Hajarian, A. Alavitabar, gardent au sein de l'administration, des postes importants. Ils parlent peu en public.

Leur influence est cependant déterminante pour faire évoluer la société iranienne. Ils participent, eux aussi, en profondeur, au mouvement modernisateur et laïcisant des intellectuels religieux des années quatre-vingt-dix.

L'un des axes pour comprendre l'évolution de la société iranienne est d'étudier ce mouvement intellectuel et culturel, s'inscrivant dans un horizon qu'on pourrait qualifier de politique dans le sens donné par Pierre Rosanvallon

> *« Le politique, telle que je l'entends, correspond à la fois à un champ et à un travail. Comme champ, il désigne le lieu où se nouent les multiples fils de la vie des hommes et des femmes, celui qui donne son cadre d'ensemble à leurs discours et à leurs actions. Il renvoie au fait de l'existence d'une "société" qui apparaît aux yeux de ses membres comme formant un tout qui fait sens. En tant que travail, le politique qualifie le processus par lequel un groupement humain, qui ne compose en lui-même qu'une simple "population", prend progressivement le visage d'une vraie communauté. Il est de la sorte constituée par le processus toujours litigieux d'élaboration des règles explicites ou implicites du participable et du partageable, qui donnent forme à la vie de la cité. »*[11]

Pour comprendre la vitalité d'un mouvement intellectuel dans l'Iran contemporain, il me semble pertinent de présenter quelques figures qui ont marqué le débat, non seulement en Iran, mais également dans le monde musulman. Les auteurs étudiés ici sont connus dans le monde arabo-musulman, grâce à des traductions disponibles, même s'il est regrettable qu'aucun travail d'ensemble n'existe en français. Pour mettre en valeur l'existence de cette tradition intellectuelle, j'ai réuni, dans ce livre, la présentation de six penseurs musulmans iraniens. Il me semble nécessaire de dire un mot sur ce qui me conduit à sélectionner ces six auteurs, et en quoi ils sont représentatifs d'une période de la vie intellectuelle

........................

11- Rosanvallon P., *Pour une histoire conceptuelle du politique*, Paris, Seuil, 2002, p. 12.

en Iran ? Ils se distinguent par l'actualité des questions qu'ils soulèvent, le courage de leur démarche remettant en cause l'Islam ritualiste, traditionnel, voire traditionaliste, et le sérieux de leur approche de l'Islam. Derrière de profonds antagonismes, ce groupe d'intellectuels religieux n'en a pas moins une unité identifiable et peut-être une fonction de « passeurs », assurant la transition d'un univers traditionnel à celui de la modernité. Il sera question, dans ce livre, de repérer les principes de leurs liens et de leurs croyances, de retracer la logique de leurs parcours biographiques et réfléchir à leur posture intellectuelle et politique, et peut-être, de faire apparaître des héritages d'écoles ou de familles de pensée.

Deux d'entre eux appartiennent à la décennie qui précède la révolution iranienne. M. Motahhari et A. Shariati sont deux figures emblématiques de la révolution iranienne. Motahhari marque les milieux traditionnels et se présente comme gardien de l'authenticité de l'Islam. Il procède à une réforme de la pensée religieuse par une critique de l'Islam ritualiste. Shariati devient, comme montre bien D. Shayegan, l'idéologue de la révolution iranienne par sa volonté de transformer la religion musulmane en une idéologie politique, au service d'un changement révolutionnaire[12]. L'intérêt de leur démarche, l'impact de leur pensée, vont au-delà de la révolution car les intellectuels musulmans de la période post-révolutionnaire se définissent, d'une façon ou d'une autre, dans un rapport avec cette tradition intellectuelle de la période d'avant la révolution.

Avec la révolution iranienne et l'instauration d'une République islamique, une nouvelle ère commence en Iran. Il faut attendre plusieurs années pour qu'apparaisse un nouveau groupe d'intellectuels musulmans qui, par une prise de conscience du danger de l'Islam politique, construisent une nouvelle approche de la religion musulmane.

.........................

12- Shayegan D., *Qu'est-ce qu'une révolution religieuse ?* Paris, Les Presses d'aujourd'hui, 1982.

Le noyau critique s'est formé vers le milieu des années 80. Une élite religieuse contestataire se constitue, qui craint les effets négatifs de la politisation de la religion, sur le corps social, comme sur la religion islamique elle-même. Fidèle aux acquis de la révolution, certes, cette nouvelle élite milite largement pour une ouverture de l'espace public. F. Khosrokhavar note que :

> *« Dans les années 1990, se manifestent en Iran de nouvelles tendances dans l'idéologie Islamique, qui ont mis en doute les principes et doctrines révolutionnaires des décennies 1970 et 1980. Le procédé principal de l'intellectualisme en Iran est désormais le réformisme religieux. L'apparition de ces idées islamiques nouvelles défie la suprématie de l'Islam révolutionnaire. C'est la fin du radicalisme religieux et le début du mouvement vers une nouvelle forme de réformisme religieux dans le courant principal de la vie intellectuelle. La nouvelle génération d'intellectuels insiste sur la liberté individuelle, l'ouverture culturelle et la cohabitation pacifique avec l'Occident. »*[13]

Ces intellectuels, tout en s'inscrivant dans une certaine continuité avec l'héritage de la révolution, sont en rupture totale avec l'idéologie dominante du régime iranien. Ils s'appuient sur les sciences modernes, pour proposer de nouvelles approches de l'Islam, ouvertes aux valeurs du monde moderne. Parmi eux, quatre ont été privilégiés en raison de l'originalité de leur approche.

Tout d'abord, Abdolkarim Soroush qui joue un rôle déterminant dans la formation d'une nouvelle élite intellectuelle de l'Iran post-révolutionnaire. Soutien inconditionnel de la révolution, il prend progressivement de la distance par rapport au régime iranien et construit un nouveau discours dans lequel se reconnaitra une partie de la jeunesse iranienne.

........................

13- Khosrokhavar F., "The New Intellectuals in Iran", *Social Compass*, vol. 51, n°2, Paris, 2004, p. 193.

Pour mettre en évidence la continuité de l'héritage de Shariati dans la période post-révolutionnaire, une figure emblématique du clergé iranien, Hasan Yosofi Eshkevâri, s'affirme en inscrivant son entreprise intellectuelle dans la continuité de la pensée de Shariati. Clerc de formation et très engagé politiquement, il interprète et réinterprète la pensée du maître, pour la rendre compatible au contexte post-révolutionnaire.

La troisième figure, Mohsen Kadivar, a une analyse plutôt théologique de la place de l'Islam et de son rôle dans le contexte de la Révolution islamique. Élève de l'ayatollah Montazeri, il est devenu une figure d'un réformisme religieux. Son projet consiste à proposer une réforme de la pensée religieuse, en procédant à une interprétation de la tradition pour la rendre compatible avec les valeurs de la modernité.

Enfin, une monographie est consacrée à Mohamad Shabestari, figure imposante du champ intellectuel de l'Iran de cette période. Après un engagement politique comme député de la première assemblée Islamique, il prend ses distances par rapport au pouvoir politique, et s'engage dans la reconstruction de la pensée Islamique.

Parler de l'intellectuel religieux nécessite une clarification, quant à l'usage de ce concept, décrié à l'intérieur de l'Iran comme trop paradoxal. C'est pourquoi une présentation de quelques aspects de cette figure de la conscience religieuse semble pertinente, au regard du rôle joué par ces intellectuels dans l'histoire de l'Iran contemporain.

# Ali Shariati (1933-1977)
## Une religiosité idéologique

Mort trop tôt pour connaître la victoire de la révolution iranienne, Ali Shariati en est une des figures éminentes. Il existe un consensus sur son rôle, mais son impact est diversement apprécié.

Signalons sa capacité à donner à la religion une armature novatrice en montrant le potentiel de celle-ci à orienter les esprits. Ici se produit un changement d'axe: sa volonté de transformer l'Islam en une force politique se traduit par une idéologisation de l'Islam. La séduction et la fascination qu'il a exercées l'ont amené à devenir, ainsi, le grand mobilisateur et le fédérateur des années 70. Avant lui, la modernisation accélérée avait bouleversé profondément la vie iranienne. Son intuition est d'avoir cru à l'attachement des Iraniens aux valeurs religieuses, et d'avoir essayé de faire de la foi le point d'appui central de la transformation de la vie iranienne par une révolution politique, et également religieuse. Très critique par rapport à la religiosité traditionnelle, il voulait rendre à la religion sa dynamique et sa puissance à révolutionner la vie humaine. Comme chez tout auteur qui veut mobiliser, l'œuvre, chargée d'images d'implicites et de décisions trop rapides souvent ambiguës et contradictoires, laisse porte ouverte à de multiples interprétations.

## Qui est Ali Shariati ?

Né en 1933 à Sabzévar dans l'ouest iranien, il y passe une sortie importante de sa vie. Il appartient à une famille religieuse politisée. Son père, connaisseur de la tradition Islamique et commentateur du Coran, avait quitté l'institution cléricale, et continuait à animer des groupes de réflexion sur l'Islam. Le père se posait, ainsi, comme croyant, tout en voulant garder sa liberté d'expression, et refusant d'imposer des convictions, par son statut. Dès 1946, Ali Shariati entre au lycée Ferdowsi de Mashed, il s'engage politiquement au sein du « *Centre de Diffusion des Vérités Islamique* », groupe fondé et animé par son père. Il entre en 1950 à *l'Institut de Formation des Maîtres*, il est engagé deux ans plus tard, pour administrer la culture de la ville. Il participe également à la fondation de l'« *Association Islamique des Lycéens* », et s'engage dans le « *Mouvement de la Résistance Nationale* », dans lequel militaient d'autres figures religieuses. Influencé par le socialisme de son temps, il collabore, en 1953, avec le « *Mouvement des Déistes Socialistes* » fondé par Nakhsab[14]. En 1956, il entre à la *Faculté des Lettres de Machhad*, il traduit le livre d'un auteur égyptien A. H. JodaTashar, consacré à Abouzar, compagnon du Prophète, connu pour ses positions en faveur de la justice. La même année, il publie son premier livre, reprise d'un long article «*L'Islam et les doctrines en Occident*). En 1957, arrêté avec d'autres activistes politiques, il est incarcéré dans une prison de Téhéran.

Libéré peu après, il termine ses études à la *Faculté des Lettres.* Bénéficiant d'une bourse, il quitte l'Iran pour la France en 1959. Il y reste jusqu'en 1963, termine ses études à la Sorbonne, sous la direction de Gilbert Lazard, fréquente les séminaires de Jacques Berque et de George Gurvitch. Dès cette époque, il s'appuie sur des éléments de sciences sociales pour proposer sa vision de

14- Nékourouh M., « *Néhzate khodaparastané socialist* » (Le mouvement des déistes socialistes), Téhéran, éd., Chappakhsh, 1998.

l'Islam. De retour en Iran en 1964, arrêté à la frontière, il est à nouveau incarcéré à Téhéran. Libéré, engagé comme maître-assistant en histoire à l'Université de Mashed, il se remet à écrire, et publie un article marqué par ses idées socialistes, et son appartenance religieuse : « *Islam, école médiane* ». Cet article qui se veut une étude comparative du socialisme et du capitalisme face à l'Islam, montre que l'Islam prône une position médiane entre un système fondé sur l'exploitation de l'homme, et un autre sur la collectivisation des moyens de production. En 1968, ses cours, consacrés à l'évolution de la religion musulmane, présentent une biographie du Prophète. Il s'appuie tant sur les textes anciens, que sur les recherches modernes, sa démarche déplait au clergé iranien qui dénonce une désacralisation de l'Islam. Arrivé la même année à Téhéran, il commence des activités au sein d'un institut, qui va marquer la vie intellectuelle de cette période : l'institut religieux *Hosseinieh Ershad*, fondé en 1966 par plusieurs personnalités dont Homayoun, Minachi et Aliabadi. Il s'agissait de promouvoir une vision de l'Islam intégrant la compréhension de la religion et les recherches modernes. Des intellectuels religieux s'y expriment et donnent des conférences sur l'Islam. Quelques clercs dont Motahhari ont aussi fréquenté ce lieu. Une part importante de son œuvre provient de cours et conférences, donnés au sein de cet institut. Jusqu'à la fermeture de l'Institut, en décembre 1972, Shariati reste très actif, organisant des cycles de conférences, autour de thèmes religieux, et de figures marquantes de l'histoire de l'Islam. L'Institut fermé, il mène une vie quasi-clandestine. Suite à l'arrestation de son père en décembre 1973, et à la pression exercée sur sa famille, il se présente au *Comité des forces de sécurité*, et, sera emprisonné immédiatement. Libéré dix-huit mois plus tard, il reste silencieux deux ans, et, le 16 mai 1976, part pour Bruxelles avant d'aller à Londres courant juin. Il y meurt à 43 ans, dans des conditions obscures. Conformément à son testament, il est transféré dans la banlieue de Damas, et est enterré près de la tombe de la sœur de l'Imam Hossein.

Ce bref rappel de sa vie révèle un contestataire de l'Islam clérical, marqué par l'héritage islamique, qui lui semble incompatible avec les divers marxismes iraniens des années 60-70.

## Évolution de la pensée de Shariati

Pour saisir sa trajectoire, l'accent est mis sur une approche de thématiques, liées à sa vision de l'Islam. Son Islam se veut une troisième voie entre le socialisme et le capitalisme. Puis vient son désir de moderniser l'Islam ; enfin, son Islam se constitue en instrument politique, en idéologie, donc, pour répondre aux aspirations de la génération montante. Ce découpage facilite la lecture de son œuvre dans un contexte iranien marqué par l'impact du marxisme.

### Islam : la troisième voie

Face au *Parti Communiste Iranien,* Shariati cherche à constituer l'Islam comme alternative. La doctrine économique de l'Islam n'est pas capitaliste, ni socialiste. Il récuse l'injustice sociale inhérente au système capitaliste et rejette le matérialisme philosophique du socialisme. Pour lui, il faudrait rechercher une troisième voie entre ces deux idéologies. Il exprime l'impasse de l'homme de son temps :

> *« L'humanité souffrante, en quête de salut, après avoir goûté à l'expérience amère du capitalisme et s'être rompu la nuque sur l'impasse communiste est à la recherche d'une troisième voie, entre cette «taverne» et ce « temple » : et il semblerait que cette troisième voie, prophétique, soit celle que le Tiers-monde est appelé à construire ».*[15]

.........................

15- Shariati A., *Œuvre complète* n° 24,1983, p. 118.

Shariati, toujours attaché à défendre la religion, traduit des textes relatifs aux contemporains du Prophète. Il consacre un ouvrage à la vie et à l'activité d'Abouzar. Dans ces écrits, Shariati insiste sur le fait que les intellectuels musulmans n'ont nul besoin des héros révolutionnaires des autres. L'histoire de l'Islam et de ses personnalités suffit. Il réhabilite ainsi nombre de compagnons du Prophète et nombre d'imams chiites du passé. D'autres textes de cette période, mettent l'accent sur un thème devenu son cheval de bataille : le retour sur soi.

Une série de conférences, publiées par la suite sous le titre du *« Retour sur soi »,* met en évidence son désir de faire de la religion, la clé d'une identité ouverte à la modernité et ancrée dans l'histoire de l'Iran. Il critique fortement la religion de son temps qu'il juge pervertie par un clergé ignorant et des théologiens coupés des préoccupations du peuple. D'où l'élaboration d'une histoire de l'Islam susceptible de concurrencer les idéologies modernes.

> *[C'est donc vers] « l'Islam qu'il faut se tourner pour retrouver son identité culturelle. Le moi chiite est le plus proche de nous, celui qui continue de palpiter au cœur de notre société. Mais il est emprisonné par l'ignorance, l'aliénation et l'exploitation : il faut libérer l'Islam de siècles de léthargie et d'obscurantisme, où l'ont plongé ceux-là mêmes qui le font dépendre du pouvoir de l'État, des classes dirigeantes et de l'argent. »*[16]

## Islam, religion moderne

Après ce « retour sur soi », il se lance dans un travail plus universitaire, toujours sur l'histoire de l'Islam et les autres religions. Parti du Coran, il veut, par un retour aux sources, libérer l'Islam de ses superstitions et de ses fanatismes. Ainsi s'organisent sa vision du monde, sa philosophie de l'histoire et de l'avenir. Il professe une idéologie révolutionnaire, au service des masses opprimées. Pour y parvenir, il subvertit les

16- Mehrchid Ali Shariati : « Une théologie de la libération », revue *Soue al*, n° 5, Téhéran, 1985, p. 101.

concepts des théologiens. L'unicité de Dieu intègre alors la vision révolutionnaire de l'histoire. Jacques Berque apprécie la recherche de dynamisation du texte.

> *« Au Towhid, concept utilisé statiquement pour célébrer une « unicité » déjà réalisée, Shariati oppose une compréhension, qui redonne sens, conformément à la grammaire arabe, à l'aspect factitif de l'unification'. Au Towhid s'oppose le Shirk, ce pluralisme nocif, tributaire du paganisme, qui, selon lui, empoisonne l'Islam dès l'époque des Abbassides, par exemple, devenant un système de gouvernement. »*[17]

## L'Islam comme idéologie

L'utilisation de la religion à des fins révolutionnaires permet de porter un regard critique sur cette idéologisation de l'Islam. Il importe d'en préciser les contours, dans le contexte de l'époque, marqué par la modernisation autoritaire du Shah, et par le marxisme, souvent vu comme seule alternative. Shariati veut faire de la religion l'élément moteur et mobilisateur pour sortir le pays de son retard. L'originalité de sa démarche par rapport à Bazargan ou aux moudjahidines est de faire de l'Islam, un instrument d'un combat politique. L'Islam se présente comme une réponse totale, inhérente à toute société musulmane. Les marxistes avaient cette vision totale qui définissait un champ d'action. Shariati regrette l'absence d'une telle vision qui définirait des orientations et un champ d'action, en donnant à l'histoire son unité et son sens. Il élabore alors un manifeste Islamique, symétrique à ceux de Marx et d'Engels. Des conférences et cours donnés à Téhéran tracent les premiers éléments de mise en perspective de l'histoire de l'Islam. Dès ses débuts, cette histoire serait, selon lui, une histoire de lutte de classes, qui remonterait au combat entre Abel et Caïn, vue comme le symbole des opprimés face aux oppresseurs. Dès lors, une religion généralement perçue comme éthique, change de sens, et peut être entendue comme justification de

........................

17- Berque J., *L'Islam au temps du monde*, Paris, Sinbad,1984, p. 189.

la transformation sociale au service des opprimés. Les récits bibliques (Caïn et Abel), ou l'histoire de l'Islam, sont réévalués, interprétés pour devenir un instrument d'action. Il s'agit, en cela, d'une idéologisation à son apogée. Les images apportent toutes les réponses possibles, et même les débordent. Ce sens nouveau donné aux vieilles idées chiites a eu un impact manifeste, sur les esprits et la jeunesse engagée dans la révolution iranienne. Deux thèmes particulièrement traditionnels dans le chiisme sont privilégiés pour montrer la volonté de Shariati à transformer la religion musulmane en un instrument de lutte: le martyr et l'attente eschatologique du 12e Imam, réévalués par lui pour devenir le langage de la révolution iranienne.

### Martyre ou témoin dans l'histoire

La notion de martyre est devenue fort célèbre, surtout depuis le 11 septembre 2001. De nombreux livres et publications ont tenté de comprendre le kamikaze, qui prend la voie du martyr. Le sujet était très politique et la recherche universitaire a été fortement sollicitée pour comprendre et donner des réponses. L'Iran est devenu une cible importante, même si de nombreux chercheurs ne croient plus en une liaison étroite entre chiisme et martyre. Dans l'apologie du martyre[18], Shariati joue un rôle important : on lui doit des expressions telles que « chiisme rouge », « chiisme religion de contestation », « chiisme du sang ».

Shariati comme idéologue, exprime un point de vue d'acteur, incite à respecter et même à valoriser l'acte du martyre sans le soumettre à discussion.

Sa vision du martyre se réfère au drame de Kerbela, fait chiite marquant dès l'origine de l'Islam. Il distingue deux types de martyre, l'un incarné par Hamzah, (l'oncle du Prophète qui, dans

18- Khosrokhavar F., *Les nouveaux martyrs d'Allah,* Paris, Flammarion, 2002, p. 72-85.

la guerre d'Ohode, meurt au champ d'honneur) ; l'autre incarné par le martyr d'Hossein, qui, part au-devant de l'ennemi tout en sachant que les chances de victoire sont nulles. La différence est de taille. Hamzah ne voulait pas mourir, mais vaincre ; Hossein, lui, sait pertinemment que son combat est voué à l'échec, mais son action témoigne face à l'histoire. Shariati magnifie cette forme de mort consciente et volontaire. C'est un choix de croyant. Lorsque toutes les portes sont fermées, reste le martyre.

Cependant, les propos de Shariati couvrent une réalité très circonstancielle. Ils sont extraits de deux conférences données, suite à l'exécution de militants moudjahidines. Le texte en porte la marque. Il s'agit, entre autres, d'un travail de mémoire qui comporte cette solennité propre à toute cérémonie de deuil. Il s'agit aussi, d'une célébration qui veut magnifier.

Cependant, le discours confère une dignité à ces morts. Certes le discours peut prendre un sens plus général, en touchant toute mort, dont le risque a été assumé. Cet acte assez universel ne peut s'enfermer dans une spécificité culturelle, fût-elle chiite. Dans le même temps, Shariati et ses auditeurs vivent un contexte spécifique, marqué par l'exécution des militants politiques sous le régime du Shah. L'ambiance sociale de l'époque est aussi une toile de fond capitale, connue de lui comme de ses auditeurs. Farhad Khosrokhavar montre le climat de la période d'avant la révolution, avec ses ambiguïtés.

> *« Avant la révolution, la conduite la plus répandue est le mutisme généralisé, l'intériorisation de la crainte des organismes répressifs du pouvoir, surtout de la Savak (service de renseignements du régime impérial). En fait, le silence, soi-disant imposé par une Savak omniprésente jusque dans l'intimité familiale, est dû aussi à la complicité de la société, désireuse de consommer et de dilapider la manne pétrolière, échangeant le politique contre l'économique, la liberté contre la libéralité de l'État. Mise à part une infime minorité de la jeunesse urbaine de classe moyenne qui se*

*radicalise et se fait aisément réprimer par l'État, le reste de la société est atteint par la frénésie pétrolière et par les rêves débridés qu'elle engendre. La grande majorité des couches urbaines refuse de se mobiliser contre le pouvoir impérial parce que celui-ci lui instille la possibilité de participer à l'abondance pétrolière (participation réalisable hic et nunc ou dans l'avenir). Tant que ce rêve est crédible, la majorité s'en repaît et s'en remet au pouvoir qui peut réprimer impunément les petites minorités militantes. »*[19]

Dans ces deux conférences, le martyre n'est pas présenté comme un retour au passé. Se dénote une conscience nouvelle, que Shariati prônait dès ses premières œuvres. Il s'agit d'un acte profondément personnel, intime pourrait-on dire, et cette valorisation, typiquement moderne, est corrélative d'une vision de la vie, inscrite dans la responsabilité individuelle. La prise de conscience comporte des ambiguïtés dans toute période pré-révolutionnaire. Les « conscientisés » peuvent répondre à de nombreux profils. Pour certains, la révolution est un tremplin ; elle leur permet de sortir d'une condition difficile à supporter. Pour d'autres, elle proclame la fin de la société traditionnelle ; le sentiment d'honneur ou d'honorabilité peut s'effacer devant la priorité d'un front commun politique. Un autre profil, fréquent dans la période révolutionnaire est caractérisé par ceux qui hésitent et n'ont pas de vision claire et maîtrisée de l'avenir. Shariati sent très bien ce trouble qui peut envahir chaque individu engagé dans un mouvement révolutionnaire. Il cherche à recentrer sur les objectifs et à réunifier les troupes. Chez eux,

*« [La conscientisation] se définit en rupture explicite avec la tradition. (…) Ce ne sont pas les deuils de Karbélâ (cérémonies de deuil pour l'anniversaire du martyr de Hossein, 3^e^ imam chi'ite) qui portent sens pour ce groupe, mais la voie que l'on se donne. Cette religiosité n'est pas affective, elle a un mépris sans fard pour le tempérament traditionnel, ritualiste, prompt à s'endeuiller et irrationnellement doloriste à ses yeux.*

……………………

19- Khosrokhavar F., *L'Islamisme et la mort. Le martyre révolutionnaire en Iran*, Paris, L'Harmattan, 1995, p. 311.

> *Le refus du passé ne s'embarrasse même pas de prétexte, il ne rejette pas le passé factuel au nom d'un passé idéal ; ce n'est plus la vivification du passé que cherche ce groupe, mais la rupture explicite avec lui. »*[20]

Il y a rupture. La conception traditionnelle se centre sur une identité collective enracinée dans le passé. Ici, le destin est présenté comme individuel, et sa manière d'être collectif, dépend d'une démarche de prise de conscience individuelle :

> *« Maintenant les martyrs sont morts (sont partis), et nous, les morts, nous sommes vivants ... »*[21].

dit-il, et il ajoute cette justification dont la première phrase sera un des slogans des manifestations de la révolution de 1979, et qui comporte bien une insertion collective :

> *« Chaque révolution a deux visages : le sang et le message. Les martyrs ont offert leur sang et sont morts et nous devons maintenant faire passer leur message dans tous les coins du monde. Les martyrs, Hossein en premier, nous observent. L'histoire en a fourni le modèle. »*[22]

Shariati finit ainsi son discours :

> *« Un homme (Hossein) quitte la maison de Fatima (la fille du Prophète de l'Islam). Un homme seul ? Non ! Une femme (Zeynab) sort aussi à ses côtés, les pas dans ses pas, avec lui. Elle emporte sur ses épaules la moitié du lourd fardeau que constitue le message de son frère. C'est le cri de Zeynab qui appellera l'humanité, qui transmettra le message. C'est par elle qu'il (Hossein) vivra. »*[23]

Shariati, dans un langage très poétique, prône la révolte contre le régime, engagement éminemment personnel, et issu d'une prise de conscience. Si Shariati est l'un des acteurs de l'individualisation de la religion ; son discours est d'un communautarisme renouvelé.

........................

20- Khosrokhavar F., *Anthropologie de la révolution iranienne, le rêve impossible.* Paris, L'Harmattan, 1997, p. 44.

21- Shariati A., *Œuvres complètes*, n° 19, Téhéran, éd., Ghalam 1981, p. 199.

22- Shariati A., *Ibid*, p. 200.

23- *Ibid*, p. 206.

Ici, la communauté est communauté de choix. Elle est relative à une recherche commune d'un sens de l'avenir partagé. Shariati renouvelle une vision de la tradition, inscrit le croyant dans l'histoire et présente l'acte de mourir comme choix conscient dans un contexte où la réalisation de soi n'est plus possible dans la société. Le seul choix qui reste est soit d'être martyr, soit être messager et témoin du sang versé par les martyrs :

> *« Ceux qui sont devenus martyrs ont pris Hossein comme modèle ; ceux qui restent, devront faire passer, leur message et prendre Zeynab comme modèle ; sinon ils sont comme Yazide (le calife omeyyade) »*[24]

Le mythe le plus illustre du chiisme ne renvoie plus au courage ni à la tradition. Profondément réactualisé, il s'inscrit dans une histoire en mouvement. C'est un instant critique de l'histoire où tout va se jouer. Telle est sa force, et peut être la faiblesse de ce discours. Il correspond à une crise majeure troublée par la répression. Il recueille en un instant le passé, le présent, le drame d'individus exécutés. Se crée une identité islamique temporalisée, qui resitue Occident, Orient, capitalisme, socialisme. C'est une vision orientée. En cela il est idéologue.

### L'attente ou l'eschatologie islamique

L'autre exemple d'idéologisation et de réinterprétation d'un mythe chiite est le récit traditionnel de la grande occultation liée à *« l'Attente »*, et à l'accomplissement des Temps. Une perspective profondément eschatologique. Pour la tradition chiite, le douzième imam a déjà effectué deux *occultations*[25]. La première, « *mineure* » (*ghibatésoghra*), l'a fait disparaître pour un temps, ne laissant au croyant que des messagers ; vient ensuite une période d'attente qui perdure encore aujourd'hui qui cessera au retour de l'imam, qui alors dirigera le monde. Cette perception de l'occultation

24- *Ibid*, p. 207-208.

25- Corbin H., *En Islam iranien : aspects spirituels et philosophiques,* Paris, Gallimard, 1991, tome 4.

du 12e Imam, fait partie de la foi traditionnelle chiite, et est communément acceptée par les croyants. Avec Shariati, cette attente devient une nécessaire contestation transcrite en langage moderne. Il passe ainsi d'une vue traditionnelle, à une vision inscrite dans le temps, et même quasi messianique. L'attente, exempte dans le credo chiite, de toute connotation politique et révolutionnaire, se coule dans les schèmes de la pensée de Shariati, et se trouve ainsi métamorphosée.

> *« L'attente est la religion de la contestation et de la négation absolue du système dominant (statu quo) sous toutes ses formes. Non seulement l'Attente ne déresponsabilise pas l'homme, mais elle le charge de responsabilités plus lourdes et plus vitales : prendre en main sa destinée. L'homme musulman est un engagé qui attend à tout instant l'explosion des systèmes antihumains et se prépare pour une telle révolution mondiale. »*[26]

Ce passage se conclut sur « l'instauration du pouvoir de la classe opprimée ».

Sa vision personnelle se précise quand il distingue deux formes d'attente. L'une, qualifiée de passive, est négative. L'imam caché instaurera la justice et construira une société idéale Islamique, et sa venue répondra à l'injustice et à la corruption généralisée. Il est alors inutile de réduire les inégalités. Ce serait même nuisible car la corruption et ses inégalités accéléreront le retour de l'imam. La vision de Shariati propose une attente positive, contestataire. Sa mission : rejeter toute forme de pouvoir politique en place comme illégitime et usurpateur de pouvoir de l'imam.

> *« Le principe de cette attente signifie la prépondérance du futur, le mouvement vers un avenir meilleur, vers un idéal (...) celui qui attend un avenir meilleur, a de l'espérance. Cette espérance lui permet de vivre.»*[27]

........................

26- Shariati A., *Œuvres complètes*, n° 19, éd., Ghalam, Téhéran, 1981, p. 291-293, et 303-304.

27- *Ibid.*, p. 284-297. Voir aussi ses œuvres complètes, n° 25, Téhéran, éd.,

L'homme doit dire « Non », se révolter, se préparer à la révolution mondiale :

> *[C'est] « un principe déterministe de l'histoire*[28]*. Celui qui attend présume qu'à tout moment la trompette de la révolution peut sonner ; et il se responsabilise en vue de la participation à ce' djihad 'qui commencera forcément selon ses lois déterministes. »*[29]

Ici encore, Shariati transforme un mythe chiite en force politique. La religion se sécularise par sa politisation. F. Khosrokhavar décrit bien ce processus :

> *« En se sécularisant, l'eschatologie est devenue l'emblème d'un espoir destiné à se réaliser hic et nunc par des sujets activistes et pas selon l'horizon lointain d'une religiosité attentiste qui déçoit l'action au nom de la fin de l'Eon. La sotériologie mahdiste de l'Islam communautaire se mue en une espérance révolutionnaire où chacun entend mettre à contribution sa foi pour réaliser l'Islam dans ce monde... L'espoir dans l'eschatologie devient inutile lorsqu'on s'est promu soi-même acteur de la parousie du Bien. L'attente qui se nourrissait de l'intervention des déshérités (alias le peuple) sur la scène politique, n'a plus à se projeter sur un horizon différent parce que le sacré s'est sécularisé et l'Islam s'est donné pour but la réalisation de la justice ici-bas. »*[30]

Dans une telle perspective, la conception du temps est radicalement transformée. Là où les anciens voyaient un recommencement naît une conception de « la création en train de se faire ».

## Shariati et la démocratie

Shariati, élabore une conception de la politique et de la démocratie, qui marque la période pré-révolutionnaire. Sa

Ghalam, 1982, p. 409-446.

28- Voir ses œuvres complètes, n°29, Téhéran, éd., Mona, 1982, p. 339-344.

29- *Ibid.*, p. 297.

30- F. Khosrokhavar F., *Anthropologie de la révolution iranienne, le rêve impossible*, Paris, L'Harmattan, 1997, p. 208.

vision, proche des « démocraties populaires » marxistes, bien peu démocratiques, réévalue des concepts chiites de « *communauté musulmane* » et de « *Guide* ». Il en fait des éléments clefs de vision. Son système a fait l'objet d'un véritable engouement. Son unanimisme est peut-être le prix qu'il paye pour souder le public.

Il faut dire que ceux qui aspiraient à être les acteurs de la révolution prochaine ne prêtaient guère attention à la forme ultérieure de l'État, et portaient le débat sur différentes écoles marxistes, sur la Révolution ou la lutte armée. Autrement dit, priorité à l'union pour renverser le Shah, en évitant, autant que faire se peut de laisser voir les divergences. Shariati, confronté à cette situation, a donné priorité à son rôle de rassembleur.

Très certainement, la vision révolutionnaire, du temps où Shariati était à Paris, l'a influencé. Elle ne touche pas que les marxistes. Les révolutions passent par la violence et la prise de pouvoir. Dans les dernières années de sa vie, il déploiera ses efforts pour défendre le retour de la religion, seule capable à ses yeux, de susciter une véritable mobilisation populaire. Il voulait convaincre les adversaires de l'Islam de l'époque, (marxistes, donc), qu'une autre idéologie ne parviendrait pas à mobiliser la population et les faits lui ont donné raison. Il affine comme précédemment certains thèmes religieux pour les assujettir à ses convictions. Trois conférences marquent cette période : *« Le chiisme parti total »* ; puis *« Que faire ? »* et enfin sa fameuse conférence *« Ommat et imamat »*. Devenu l'idéologue pré-révolutionnaire, il a imprégné le langage de la révolution.

*Le texte « Communauté et Direction ou Guidance)* est un point de départ pour comprendre la position de Shariati sur la démocratie, la communauté religieuse et la révolution. Son introduction affirme que l'histoire de l'Islam permet de renouveler notre vision de la relation entre le peuple musulman et son guide. De là, il critique les démocraties occidentales, et soutient une vision de la démocratie teintée de totalitarisme.

Une présentation des grandes lignes de sa pensée sur la *communauté musulmane*, est nécessaire pour montrer ce qui le conduit à la critique de ce qu'il appelle la démocratie libre ou libérale. Aujourd'hui cette part de son œuvre, très critiquée, a perdu toute influence. Sa conception de la *Communauté* et du *Guide a* néanmoins été utilisée durant la révolution, et l'identification de Khomeiny à l'Imam a été préparée ou favorisée par lui.

### L'*Ommat*, communauté des croyants

Dans ce texte, il reprend la terminologie religieuse, et la réévalue. Il plaque les grandes lignes du marxisme classique sur des notions religieuses : « *société sans classe* », devient « *société unitaire* » ; « *classe* » devient « *communauté* » ; on ne dit plus « *chef* » ou « *guide révolutionnaire* », mais « i*mam* ». D'où le titre de sa conférence : *Ommat et imamat*. Certains passages insistent sur la dynamique populaire, d'autres sur l'alliance parfaite entre l'Imam et son peuple, seule apte à déclencher une dynamique puissante. Cette dynamique suppose obéissance et soumission.

> *« l'Islam, en insistant sur le terme « Ommat » et en le préférant aux synonymes sociologiques comme « tribu », « groupe », « société », « nation », « peuple », « classe », « parti », etc., évoque une communauté toujours en « mouvement » qui suit un chemin codifié et déterminé par la religion et l'idéologie acceptées consciemment... Là naît le point de vue propre à l'Islam : l'accent est mis sur le « mouvement », mais un mouvement à direction fixe et précise. L'Ommat devient essentiellement « une union des hommes grâce à des idées orientées vers un but. »*[31]

Il en résulte, que la communauté des croyants doit mettre son énergie dans cette réalisation. La communauté de croyants, réduite à l'obéissance, aura à suivre son *Guide*. L'imam ainsi donne corps à la communauté, et lui permet de se réaliser en société concrète.

........................

31- Shariati A., *« L'Ommat va Imamat »,* Œuvre complète n° 26, 1983, p. 491-92.

### Imam ou Guide, clé de voûte de la révolution

Valoriser le rôle de l'imam dans la conduite de la société est une particularité de la théologie chiite, ceci souvent au prix d'un conflit d'interprétation sur le rôle du guide religieux dans la communauté musulmane. S'appuyant sur cette tradition commune, Shariati développe une parabole significative du lien de dépendance qui unit le peuple à son guide : la relation du mouton et de son berger.

> *« L'homme qui ne reconnaît pas son Imam est comme un mouton qui a perdu son berger. Cet homme, même croyant, monothéiste ou musulman, même connaissant minutieusement les principes islamiques, même pratiquant, s'il ne reconnaît pas son Imam dans sa vie, est comme un mouton qui a perdu son troupeau. »*[32]

L'archétype du héros devient la métaphore du rôle de l'Imam. Tout homme pour accomplir l'idéal, a besoin d'un garant de l'orientation prise. Shariati ne craint pas le « culte de la personnalité », si fustigé par la déstalinisation bien vivante, même en France, au temps de son séjour à Paris. Lui prône ce culte. Son lyrisme vaut d'être cité :

> *« La croyance en un héros, en une personnalité remarquable, en un homme archétype de l'humanité, a pris diverses formes au cours de l'histoire ; car l'homme est essentiellement à la recherche de l'absolu qu'il vénère. S'il ne le trouve pas, il le crée ; car son esprit admire infiniment la vertu absolue. L'un des besoins psychiques de l'homme dans la vie est de reconnaître et d'admirer les hommes suprêmes ; l'homme a toujours aimé l'Imam (dans le sens large du mot, c'est-à-dire l'homme parfait). L'impératif d'avoir un Imam, sous forme d'un culte de la personnalité, d'un héros – de manière positive ou négative, juste ou injuste, – a toujours existé et ceci existe dans toutes les cultures et dans toutes les religions. »*[33]

........................

32- *Ibid*, p. 529.

33- Shariati A., *op.cit.*, 1983, p. 531.

Dès lors, l'esprit critique s'efface. Place à l'adulation. *L'Imam* dans *l'Ommat* est un absolu. L'activité créatrice et l'autonomie personnelle, qui fondent l'émancipation, sont annihilées. Shariati prône la dépendance.

Ce passage n'est pas une exception qu'un élan lyrique aurait laissé échapper : bien d'autres passages évoquent ce thème. On pourrait citer de multiples exemples.

> *« L'Imam est un être humain qui par son existence, son esprit, sa morale et sa manière de vivre, révèle aux hommes comment on doit « vivre » et comment il faut « être ». ... Il conduit les hommes (...), représente aussi un idéal de l'humanité pour tous les peuples et pour l'éternité. »*[34]

Cela se fait au prix de l'anesthésie de tout esprit critique. Imamat et démocratie sont incompatibles. La société pyramidale prime. En haut, l'Imam, puis, la « force engagée » (qui risque de n'avoir qu'à obéir sous peine d'exclusion). L'impossibilité de contester fait du régime, une pure dictature. La vision est bien « stalinienne » :

> *« Le peuple doit placer son destin entre les mains de la personnalité la plus brillante, c'est-à-dire l'Imam de chaque époque. »*[35]

Le raisonnement en forme de dilemme imite les catéchismes marxistes : « démocratie formelle » égale inefficacité ; « démocratie populaire» égale changement ! L'auteur argumente.

> *« Pourquoi ne pas prendre en considération l'opinion majoritaire ? Parce que les gens sont incapables de choisir les candidats les plus méritants et ne reconnaissent pas la direction la plus digne. »* [36]

Il s'agit d'éduquer « la masse ». Cette quasi « dictature du prolétariat » peut durer :

.........................

34- Shariati A., *op.cit.*, 1983, p. 548-549.

35- Shariati A., *« Ommat et Imamat »*, *op.cit.*, 1983, p.598.

36- Shariati A., *op.cit.*, 1993, p. 619.

> *« Tous les révolutionnaires contemporains (...) croient que les agents réactionnaires nuisibles ne seront pas totalement éradiqués, et qu'ils saisiront toute occasion pour réapparaître. »*[37]

Suit une discussion, typique des étudiants marxistes de l'époque, évaluant les mérites des opinions sur la durée de la révolution : Lénine dit cinquante ans ; la révolution chinoise dit durée illimitée ; Staline dit à vie et distingue les étapes socialistes et communistes.[38] Avec cette conclusion : « Pour le régime révolutionnaire qui arriva au pouvoir en 1917 », disait-il, il s'agissait de « réaliser l'idéal communiste grâce à la dictature du prolétariat »

Khomeiny et Motahhari, son théologien favori, seraient bien d'accord sur le fond. Khomeiny sera l'Imam élu du peuple que Shariati appelait de ses vœux...

## Conclusion

Shariati transforme l'Islam en force politique. Il veut ainsi battre le marxisme sur son terrain, et faire de l'Islam une force vivante. Il reste une référence importante de la révolution, et le langage révolutionnaire s'inspirera de lui, plus que de Khomeiny, qui lui sera le *Guide* de la révolution...

Mort à la veille de la révolution, Shariati ne connaîtra pas l'entrée en force de la religion dans l'espace public, ni les conséquences de son idéal politique, ni la politisation de l'Islam par Khomeiny. Aujourd'hui, sa pensée politique a perdu son impact, même (surtout) chez ses partisans. L'ambiance porte plutôt à réfléchir sur la fin des utopies, l'espace démocratique[39].

........................

37- Shariati A., *op.cit.*, 1983, p. 620.

38- *Ibid.*, p. 620.

39- Mottaghi M., « Tadawomé mirassé shariati dar roshnfékri dini émrooz » (la continuité de l'héritage de Shariati chez les intellectuels religieux d'aujourd'hui), revue *Aftab*, n° 26, Téhéran.

La référence à Shariati, dénonce la monopolisation du pouvoir par le clergé ; récuse l'Islam réduit au droit canonique. À l'époque, Shariati a été un tribun très exceptionnel, doué d'une puissance de conviction très forte. Certains se souviennent de sa voix, de sa capacité à mobiliser et à fasciner son auditoire. Parmi les lecteurs admiratifs de Shariati aujourd'hui, certains privilégient son souci des déshérités. D'autres retiennent de lui, le droit que Shariati se donnait de penser par soi-même. Avec lui, existe une véritable révolution, qui s'apparente à la réforme protestante. Existe ici une distance qui relègue l'institution religieuse au second plan.

Certains critiquent Shariati pour son manque de vision de l'État et de l'organisation sociale. Sa croyance en des lendemains qui chantent a eu un destin tragique. Curieusement, cet homme qui a pris des distances réelles par rapport au passé, et fait du présent une référence impérative du croyant a connu un présent d'homme trop pressé. Il s'est souvent contenté d'une projection sur le présent, d'un projet mal ficelé. Certains ont tenté d'excuser Shariati rappelant que sa mort prématurée ne lui a pas permis d'approfondir sa conception du pouvoir politique. N. Yavari-d'Hellancourt relève chez Shariati une ligne de force qui pourrait être creusée sur les relations entre État et religion.

> *« À bien le lire, on y trouve les grandes lignes de ce qu'il appelle Hokoumat-e Haq (autorité juste et légitime), ce qui renvoie bien au pouvoir et à l'État. La conception même d'un tel État requiert une analyse du fait national dans ses rapports avec la communauté spirituelle et idéologique qu'est l'Ommat. »*[40]

........................

40- Yavari-d'Helencourt N., « Le radicalisme shiite d'Ali Shariati », In *Radicalismes Islamiques* (dir.), Carré et Dumont, Paris, L'Harmattan, 1985, p. 90-91.

# Morteza Motahhari (1919-1978) Approche théologique de la réforme religieuse

Motahhari, mort assassiné quelques mois après la révolution, est souvent considéré comme maître à penser du clergé et fils spirituel de Khomeiny. Il est d'ailleurs la référence indiscutable des écoles théologiques de la République islamique d'Iran, et il lui est décerné, à titre posthume, le titre honorifique de *Maître (ostad)*. Il jouit, auprès d'une partie du clergé, d'une image privilégiée, et reste un modèle pour de nombreux jeunes révolutionnaires, fascinés par le charisme de Khomeiny, plus que par les positions des Moudjahidines du Peuple, ou celles de Shariati. Il est perçu comme un exemple d'authenticité islamique et religieuse, mais aussi un repère, pour ceux qui recherchent des orientations théoriques. Certains d'entre eux formeront par la suite un noyau du réformisme. Motahhari est la racine, d'où émergent des théoriciens réformistes post-révolutionnaires, intégrés à la structure cléricale mise en place par Khomeiny. C'est donc un personnage institutionnel, face à Shariati qui, lui, refusait la structure cléricale. Les fondateurs de l'organisation des *Moudjahidines de la Révolution islamique* (à ne pas confondre avec *les Moudjahidines du Peuple*) s'inspirent largement de lui, et s'attachent volontiers à ses écrits. Motahhari a voulu tenir de front un réformisme et un héritage, ce que la période post-révolutionnaire a apprécié.

## Qui est Motahhari ?

Né en 1919, dans un village à quelque 75 km de Mashed où il passe les premières années de sa vie, il fréquente l'école coranique du village. À 13 ans, sur le conseil de son père, il quitte son village, et s'installe à Mashed pour consacrer l'essentiel de son temps aux études religieuses au sein de l'école théologique du lieu. Assidu, il est particulièrement marqué par Mehdi Shahidi Razavi, professeur de théologie et de philosophie. Son séjour à Mashed est évoqué dans l'introduction d'un de ses ouvrages destiné à réfuter les thèses matérialistes.

> *« De si loin que je me souvienne, à l'âge de 13 ans, j'avais une grande sensibilité aux réflexions relatives à Dieu. Elles m'ont tant envahi, lors des premières années qui suivirent mon arrivée à Gom, que j'ai senti une grande envie de m'isoler, et j'ai acquis les connaissances élémentaires de la langue arabe, et l'apprentissage des sciences religieuses n'était pour moi que le point de départ, pour étudier et comprendre les grands philosophes. Parmi les savants, j'ai gardé une grande fascination pour les philosophes. »*[41]

En 1936, il quitte Mashed et part pour Gom afin d'y suivre l'enseignement des grands maîtres religieux de l'époque. Cette étape, décisive dans sa vie intellectuelle, est marquée par la personnalité de l'ayatollah Borujerdi, et l'enseignement théologique et philosophique de Tabatabaï. Il consacre, lors de la disparition de celui-ci un long article évoquant l'indispensable modernisation de l'institution cléricale, mais aussi son utilité comme rempart contre le marxisme, le modernisme religieux et l'éclectisme intellectuel. Il évoque ainsi ses huit ans de rencontres avec lui :

> *« J'ai eu l'occasion de suivre ses cours, car j'avais une forte foi en sa méthode théologique, et je considère qu'il faut la poursuivre et la compléter*[42] *».*

........................

41- Motahhari M., *« Éllaléghérayésh bé madighari »* (Les raisons de l'attirance vers le matérialisme), Téhéran, éd., Sadra, Gom,1983, p. 9.

42- Motahhari M., *« Takamolééjtémaienssan »* (L'évolution sociale de l'Homme)

Durant toute sa vie, il affiche son attachement aux écoles théologiques et au corps du clergé. La mobilisation du clergé comme acteur de la révolution lui donne une occasion d'en vanter le rôle précurseur, dans la mobilisation de la population, et dans la direction du mouvement[43]. Il reproche aux intellectuels religieux d'être responsables, selon lui, d'une lecture partiale, sélective et éclectique de l'Islam ; leur rôle devrait être de penser à l'intérieur de la foi, entendre par là, semble-t-il, de la foi définie par le clergé seul. La réforme qu'il propose ne veut émaner que de l'intérieur de l'institution cléricale. De cette première période de sa vie il ne reste que peu de traces de son activité intellectuelle.

La deuxième période se caractérise par sa rencontre, à Gom, avec Tabatabaï et son intérêt pour la philosophie Islamique, dont l'influence l'amène à récuser les thèses marxistes iraniennes ; et à contester également le mouvement naissant des intellectuels religieux non-clercs.

La rencontre avec Tabatabaï marque aussi sa vie et il devient son élève :

> *« En 1950, j'ai participé aux séminaires de Tabâtabâ'i. Il venait d'arriver à Gom et n'avait, alors, aucune réputation. J'ai ainsi étudié la philosophie d'Avicenne, tout en participant à ses séminaires privés organisés pour étudier la philosophie matérialiste. Son livre « Les principes philosophiques et la méthode réaliste », a joué un rôle capital. Révéler les impasses et l'absence de fondement de la philosophie matérialiste fut le fruit de ces séminaires. »*[44]

Ce discours n'est pas de circonstance, et il publie plus tard ces séminaires, en y ajoutant ses propres annotations, plus longues

Gom, Sadra, 1981, p. 196.

43- F Khosrokhavar F., *L'utopie sacrifiée. La sociologie de la révolution iranienne,* Paris, 1993, FNSP.

44- Motahhari M., « *Adlééléhi* » (La justice divine), Gom, éd., Sadra, 1983. p. 296.

parfois, que le texte lui-même. Ce livre deviendra la référence d'orthodoxie, en matière de réfutation des thèses matérialistes, et comme refondation de la philosophie.

Deux ans plus tard, en 1952, après son mariage, il vient à Téhéran où il reste toute sa vie. Il intègre la faculté de théologie et de sciences religieuses, et y élabore sa nouvelle théologie Islamique, publiant de nombreux articles. Il participe aux débats de son temps, à différents cercles religieux, et à de nombreuses réunions.

Enfin le troisième moment essentiel de sa vie, est sa rencontre avec les intellectuels religieux des années 70. Il sera même co-fondateur de *l'Institut Hosseinieh Ershad*, centre avec lequel il prend vite ses distances, comme il prendra ses distances avec Shariati et son anticléricalisme affiché. C'est alors que Motahhari s'engage dans des propositions de réformes de l'institution cléricale, et dans des publications faites à partir de thèmes qui préoccupent les jeunes : quelle lecture du marxisme est-elle légitime pour un musulman ? Quelle est la position de l'Islam sur l'économie ou la politique ? Comment l'Islam peut-il régler la question de l'inégalité sociale ? Peut-on concilier l'Islam et la vision révolutionnaire ? Y a-t-il une philosophie de l'histoire en Islam ? Quelle réponse l'Islam peut-il apporter à la question du voile ? Comment les droits des femmes sont-ils abordés par l'Islam ?

Lors de la révolution iranienne, sa place au sein de l'institution religieuse, son enseignement à l'université de Téhéran et sa proximité avec Khomeiny lui donnent une notoriété. Avec Shariati, ils incarnent deux faces, assez opposées, de cette élite religieuse, qui participe au renversement de la monarchie, et au lancement du nouveau régime.

La République islamique et Khomeiny lui-même ont présenté Motahhari comme la référence religieuse indiscutable. Il incarne cet Islam cléricalisé et hiérarchisé mis en place, et censé être le pivot et/ou l'initiateur de toute réforme.

## La réforme de l'institution cléricale, une nécessité

Comprendre Motahhari, nécessite de situer sa vision de la réforme de l'Isalme de l'institition relgieuse dans son temps, et celui-ci ne se réduit pas à la seule influence des penseurs majeurs.

Pour Motahhari, le virage des années 60 est capital, et coïncide à peu près, avec une date clef, la mort de l'ayatollah Borujerdi (1875-1961). Cet homme, qui incarne alors la plus haute autorité spirituelle chiite, résistait à toute intervention des clercs dans la politique. En 1953, la montée du communisme le préoccupe, il approuve même un coup d'État, fortement soutenu par les États-Unis, et qui rend le pouvoir à la dictature du Shah. Ce type de « neutralité » de l'autorité religieuse a posé problème. La mort Borujerdi provoque des interrogations sur la place et les limites du pouvoir du *guide* religieux dans une société musulmane. Pour sa succession, les problèmes les plus graves ne sont pas la multiplicité des candidats, ni la nomination d'un successeur, mais la place de l'Islam dans la société iranienne. Après tout, les avis de ce leader reconnu ne sont guère contraignants, car, dans la religion chiite, l'obéissance fondamentale s'exerce entre le croyant (*Moghalédine*), et son *« modèle à suivre »* (*mojtahedine*), qu'il se choisit librement. Par contre il existe un enjeu de politique religieuse. Pour une partie du clergé et quelques intellectuels, c'est l'occasion d'infléchir la politique religieuse en établissant mieux le rôle du clergé et son influence légitime. « Réactualiser » les rapports entre oulémas et croyants est au centre des débats. L'« *Association Mensuelle de la Religion* » organise des débats pour rendre compatibles l'institution et les « exigences du temps ». La disparition de Borujerdi devient un prétexte de mobilisation pour débattre des rapports hiérarchiques, au sein de l'institution. Ces débats ont fait l'objet d'une attention soutenue, tant à l'intérieur qu'à l'extérieur de l'Iran. Ceux qui participent à ce débat jouent un rôle décisif, dans la Révolution islamique. Trois des articles importants proviennent de la plume de Motahhari, parfaitement conscient d'être une des pièces maîtresses du débat. Il milite pour la place la plus large possible donnée au clergé. Ses contributions seront longuement débattues à cette époque, mais aussi pendant la période post révolutionnaire.

Dans l'un de ses articles, il traite de l'ijtihâde. Il constate que tout musulman fonde sa foi sur le Coran, mais il y a d'autres sources que le Coran, qui constituent le droit musulman. Pour Motahhari comment chercher des réponses aux questions que les musulmans se posent ? C'est par une science de l'interprétation, appelée « l'*ijtihâde », qui évoque la marge de liberté dans l'interprétation de la loi divine.* On comprend que cette science est un enjeu considérable même si elle n'est pas la seule source du droit. Avec la disparition de Borujerdi, cette notion, centrale pour établir les droits et devoirs en Islam chiite, revient sur le devant de la scène. Motahhari consacre quelques pages dans un long article. Il lie étroitement cette notion à l'acquisition des compétences indispensables pour prononcer des « *avis* ».[45]

La position de Motahhari est conforme à la tradition : l'interprétation de règles qui ne se trouvent pas dans le Coran, ni dans la tradition du Prophète, est prohibée par l'Islam. La tradition chiite ironise sur la tendance à fonder le droit d'une manière trop personnelle, use de l'expression *« interprétation selon ses propres avis »* qualifiant ainsi un abus de pouvoir. C'est une interprétation « *interdite* ». Par contre, l'interprétation peut être autorisée pour répondre aux questions qui se posent dans la société, en se fondant sur les textes et les traditions écrits. Cette possibilité est réservée, pour lui, à un groupe de juristes déterminés.

........................

45- Pour l'ensemble des textes de Motahhari voir *« Bahssi dar barémarjaiit va rohaniat »*. « Discussion autour de la question de l'autorité religieuse et du clergé », Téhéran, éd., Shérékaté Sahami Éntéshar, 1962.

Si, dans le sunnisme, il n'y a pas officiellement de clergé, il y en a forcément un dans le chiisme. En soutenant la nécessité d'un clergé dans la société, il se demande comment il est possible de concevoir l'organisation de l'institution cléricale pour qu'elle puisse prendre des décisions cohérentes et répondre aux besoins des musulmans. D'où un article de Motahhari, qui, à travers l'histoire, saisit la constitution de cette corporation et conclut pour sa part, à l'impérieuse nécessité d'une organisation forte, spécifiquement liée à l'institution musulmane.

Une autre contribution, délaissant tout retour aux sources (histoire, philologie, théologie classique), évoque l'aspect organisationnel de l'institution cléricale dans sa réalisation concrète. Motahhari défend une conception du clergé, originale mais radicale. Il défend la tradition ancienne, qui doit être conservée, mais aussi la nécessité de s'adapter aux réalités du jour. Sa vision, écrite dans un style très moderne, repense l'organisation de l'institution cléricale, pour lui insuffler une vie nouvelle et l'améliorer. Pour lui, tout changement et toute évolution de la société iranienne passent par une prise en compte du clergé, dont le rôle est alors incontournable. Certes, les réformistes post révolutionnaires n'acceptent pas un tel monopole, parfaitement exprimé par Motahhari, qui se montre d'une forte radicalité :

> *« Même s'il existe, de fait, un mouvement de réforme religieuse issu de tel ou tel milieu, si l'institution cléricale ne se sent pas concernée, les chances et possibilités qu'un tel mouvement débouche sur une victoire sont infimes. »*[46]

Le point vaut de s'y arrêter et de le compléter, par ce qu'il envisage pour améliorer l'institution. Les réformes concrètes qu'il propose, se regroupent autour de trois axes :

........................

46- Motahhari M., *« Moshkéléassassi dar sazémanérohaniat »*, (les problèmes fondamentaux de l'organisation du clergé), in *« Bahssi dar barémarjaiit va rohaniat »* « Discussion autour de la question de l'autorité religieuse et du clergé », *op.cit.*, p. 105.

**Développer les réseaux** de circulation d'informations et d'échanges. Le clergé peut ainsi mieux intervenir dans les débats d'actualité de la société.

**Spécialiser**, à l'intérieur du clergé, il préconise une spécialisation en tenant compte des divers apports de la science. Pour appuyer son point de vue, il se contente d'user d'une analogie et se réfère à la médecine : il existe, selon lui, des généralistes, mais aussi des spécialistes, attachés à des domaines spécifiques. Sa proposition est donc de former les généralistes, mais surtout des spécialistes pour chaque domaine de la religion.

**Rationaliser** le budget du clergé. Les remarques de l'auteur sont, ici, psychologiquement et sociologiquement très fines. Il s'agit de repenser les relations financières, qui lient clercs et laïcs. La « part de l'imam » est un don individuel, auquel chaque musulman est tenu. Traditionnellement, il le fait à l'imam de son choix, de personne à personne. Une caisse commune, selon notre auteur, permet de mieux gérer cet argent et de modifier le rapport entre oulémas et croyants. Selon lui, l'indépendance du clergé chiite s'en trouverait accrue. Certes, le clergé chiite ne dépend pas de l'État, c'est ce qui lui donne sa marge de liberté, face au politique ; cependant, il met en cause la tradition qui consiste à personnaliser les dons reçus directement des croyants, car ceci pourrait donner la tentation d'épouser le point de vue du donateur. Ce qui se traduit par une dépendance préjudiciable. Il devient difficile de prononcer des « avis », qui iraient à l'encontre des « clients ». Motahhari souhaite une caisse commune qui réglerait l'ambiguïté de ce rapport humain. (et qui, selon certains, renforcerait le pouvoir du clergé comme corporation).

Ces trois propositions ont pour but de permettre au clergé d'assumer ses responsabilités. C'est ce qui donne force à son entreprise. Il voit dans le clergé une valeur éternelle, qui existait bien avant la révolution. Il est attentif à la part de la tradition, qui donne, au cours de l'histoire de son pays, un rôle prioritaire au clergé. Il dérive vers une société dirigée par le clergé. La proximité avec la manière d'entrevoir le pouvoir qu'incarnera Khomeiny, est évidente: le clergé doit tenir son rôle dans la programmation, et suivre le mouvement fait partie de son rôle de *guide* :

> *« Un guide connaît la direction du convoi dont il a la charge ; il peut donc conduire ce convoi, et il sait où il le mène. Le monde d'aujourd'hui, lieu de concurrence scientifique et technique, implique de mobiliser le clergé au cœur de la société. Rester assis sur son siège et se contenter de réprobations, de critiques ou d'injonctions, cela ne s'appelle pas guider. »*[47]

L'objet principal des conférences de l'*Association Mensuelle de la Religion* est de renforcer le clergé. L'ensemble des textes, publiés en un volume, se focalise sur la nécessaire réforme de l'organisation cléricale, capable de prendre la direction opérationnelle de la société.

Un autre problème, évoqué dans ces textes, concerne la centralisation du pouvoir clérical. Faut-il créer un *Conseil Collégial de Direction de la Société* ? Faut-il, en matière politique, un seul *mojtahed* ? Deux textes préfèrent un Conseil composé de plusieurs ayatollahs. Ce Conseil aurait pour fonction de mettre en forme les « *avis* » religieux, autorisés sur diverses questions. Motahhari soutient qu'en raison du développement des sciences, de la diversification du champ de la connaissance religieuse, un *Conseil* de plusieurs ayatollahs serait préférable. Ce conseil reste une institution très centralisée, sans contrôle externe.

Motahhari défend une solide modernisation institutionnelle, un clergé fort, apte à devenir seul leader de la société, capable de prendre ses responsabilités », n'ayant pas à ne rendre compte de ses actes, devant personne. L'efficacité se fera au prix d'une centralisation totale. Cette centralisation est moderne, et n'a

47- Motahhari M., *« Dix discours »*, Gom, éd., Sadra, 1996, p. 227-228.

rien de « traditionaliste ». Elle ne prétend pas être étrangère, à l'évolution des sociétés, au développement, aux sciences, ni à la modernité, au contraire. En cela, Motahhari est typiquement un technocrate modernisateur. Le clergé ne doit pas suivre l'évolution, mais la précéder, et être capable de diriger, seul. Sa critique du clergé ne conteste en rien la nécessité d'une institution forte. Il veut au contraire la renforcer. Le clergé est le repère indispensable de la vie religieuse.

L'objectif de la réforme devient de créer une élite cléricale, avec, à sa tête, un *guide,* qui n'est plus seulement l'homme de la parole, mais devient homme de l'action.

L'institution cléricale, ainsi conçue, avec un rôle dirigeant de la communauté musulmane, est, selon l'auteur, un impératif : pour lui, une société islamique doit être dirigée par ceux qui connaissent parfaitement les fondements religieux et l'art de les appliquer. Il soutient une réforme de l'institution cléricale.

> *« Je pense que le clergé est l'un des corps les plus vitaux. On doit le libérer des chaînes et des contraintes : notre clergé est un arbre authentique, valeureux et vital, mais malade. Celui-ci doit se sauvegarder et lutter contre ses détresses. Personne, je le crois, ne pourra remplacer notre clergé. Les porteurs de la culture authentique, profonde et valeureuse de l'Islam se trouvent dans le clergé. »*[48]

Motahhari reste attaché à ces principes, pendant la période révolutionnaire, devenu l'interlocuteur privilégié de Khomeiny. La démarcation cléricale est au centre de sa vision, ce qui en fait un parfait représentant du cléricalisme. Cette attitude rejoint profondément sa tendance à radicaliser la distinction entre sacré et profane. Du sacré, les laïcs sont exclus. Les clercs, par contre, en font partie, par essence. Réformes financières, enseignements nouveaux nés dans les écoles théologiques, créeront un clergé apte à mieux diriger la communauté religieuse. Il faut et il suffit de le

48- *Ibid,* p. 313-314.

former, de le libérer de l'emprise financière et des dépendances que cela induit.

Nouchine Yavari-d'Hellencourt analyse le point de vue global de Motahhari, et souligne que cette vision du rôle du clergé ne laisse aucune place aux intellectuels religieux.

> *« Les fonctions de conscientisation et de réforme de la direction, chez cet auteur, relèvent nécessairement du clergé. Le réformateur doit faire partie des religieux savants. Si la collaboration entre clergé et intellectuels musulmans est indispensable au changement, ce qui concerne la sphère du religieux, de sa réforme et de son interprétation est du ressort exclusif des « spécialistes «. L'extension du champ d'influence de la religion sous l'impulsion du mouvement islamique vient donc renforcer le rôle du mojtahed comme réformateur social. L'intellectuel laïc- même musulman convaincu- ne saurait être investi sur le terrain religieux d'une quelconque légitimité que dans la limite de sa collaboration avec le clergé. »*[49]

La critique est adressée contre les « intellectuels religieux », qui seraient, dans son langage des « irresponsables », c'est à dire des gens qui ne possèdent pas le recul, la formation, ni le sens des responsabilités. C'est le point dont il faut maintenant rendre compte.

## Motahhari et les intellectuels religieux

Les relations tumultueuses, entre pouvoir politique et clergé, ont toujours existé. De toute évidence, Motahhari supprime cette difficulté, en donnant au religieux un pouvoir absolu sur tout ce qui le touche. Cependant, l'originalité des années 50, est que l'intellectuel devient une nouvelle incarnation de la conscience religieuse, d'où un conflit, entre, l'intellectuel non-clerc et le clergé. Des années 50 aux années 70, une génération revendique son appartenance religieuse, sans admettre une soumission

49- Yavari-d'Hellancourt N., « Identité et modernité La contribution de Al-é Ahmad, Shariati et Motahhari au discours révolutionnaire iranien », in *La modernisation autoritaire en Turquie et en Iran* (dir.), S. Vaner, L'Harmattan, 1991.

inconditionnelle à l'autorité cléricale. Cette génération veut tracer son chemin, mener l'activité politique qu'elle croit bonne, et pouvoir proclamer, au nom de l'Islam, sa lecture de l'Islam, même si, cela gêne certainement fortement Motahhari. La lecture de cette génération est fondée sur une vision révolutionnaire, influencée par le marxisme. Cette génération refuse de demander aux clercs une permission pour s'engager dans un combat politique ou sur l'interprétation de l'Islam. C'est une vision que certains appellent « protestante », et qui donne à chacun, le droit de penser, d'agir en conscience et le droit de prendre des responsabilités.

Le conflit entre le clergé et les intellectuels religieux est parfois direct, mais le plus souvent indirect. L'opposition entre Shariati et Motahhari est très significative de deux manières d'envisager le rapport du croyant à la religion. Ce dernier a tenté une démarche de conciliation, voire de « récupération » des intellectuels religieux, en participant à la fondation de *l'Institut Hosseinieh Ershad,* mais il a rompu, dès le constat que les autres fondateurs prenaient leurs distances par rapport aux clercs. La rupture avec *l'Institut,* avec les intellectuels religieux et avec Shariati, fait partie du même ensemble. Motahhari accusera implicitement Shariati de détruire le clergé. Son humour, acerbe, parlera de thèse colonialiste :

> *« Depuis maintenant vingt ans, dit-il, que j'ai acquis mon indépendance en terme de pensée, j'ai été et je reste le sympathisant sérieux et le critique sévère de l'institution cléricale. J'ai l'honneur de faire partie de cette corporation, et j'ai trouvé des personnes de grande valeur dignes de cette institution : le clergé est l'héritier véritable d'une culture reçue. Je suis opposé à toute prise de position contre lui comme à la thèse d'un Islam dépourvu de clergé (allusion faite ici à Shariati). Cette thèse me semble colonialiste[50] »*

........................

50- Motahhari M., *« Séiri dar zéndéghndiostad Motahhari »*, (Parcours de la vie du maître Motahhari). 1997, Gom, éd., Sadra, 4e édition, p. 210.

Le conflit entre Motahhari et les intellectuels religieux se pose, selon lui, en termes de savoir et de compétence et exprime clairement son point de vue, lors d'échanges avec les fondateurs de *Hosseinieh Ershad :* devant la supériorité du clerc, les intellectuels doivent se soumettre :

> *« Actuellement une nouvelle classe s'est créée, formée dans la nouvelle culture occidentale, et qui éprouve de l'attachement pour l'Islam en ayant certaines connaissances. Elle propose à l'Islam des critères nouveaux, ce qui est bien perçu par la nouvelle génération, naturellement musulmane, mais séduite pourtant par les critères occidentaux. Sur cette classe qui se multiplie, existent des opinions extrêmes dans un sens ou dans l'autre. Souvent on m'a demandé mon avis. »*

> *« J'ai un accord de principe, pour qu'on utilise cette classe. L'institut Ershad s'en était servi sur ma proposition et avec mon accord. Cette classe peut associer culture occidentale et culture Islamique, mais sous condition que les programmes qu'elle réalise le soient sous la surveillance et le contrôle pointus de ceux qui, éduqués dans la culture Islamique, sont les spécialistes en sciences Islamiques comme en exégèse, en jurisprudence, en théologie, en philosophie ou en littérature. Sans cette surveillance, pointue et sérieuse, le risque de ce type de personnage et de leurs programmes sera plus important que l'intérêt qu'il présente. »*[51]

## La révolution

Motahhari, pendant la révolution iranienne, publie deux livres représentatifs de sa conception de l'histoire du réformisme, de sa vision de la révolution en cours. La montée en puissance du mouvement révolutionnaire et le rôle qu'y joue la religion, lui font repenser les rapports entre révolution et Islam. Dans *« néhzathaiésalami dar sad salé akhir » (Les mouvements islamiques des cent dernières années*), il fait une nouvelle lecture de l'histoire des réformistes iraniens à la lumière de l'actualité, et se montre très critique envers des penseurs tels qu'Iqbal, Shariati, Bani-

51- Motahhari M., *op.cit.*, p. 210.

Sadr. Il garde sa vision clérico-centriste et sa méfiance envers les intellectuels religieux et les communistes. Il refuse toute mise en cause de l'institution religieuse, y voyant une critique globale de la religion. La seule autorité légitime reste le clergé.

Dans ses derniers écrits, il passe en revue les idées des réformistes musulmans, élabore une critique des intellectuels religieux en commençant par Iqbal. S'il lui rend hommage, il souligne aussi des défauts irrémédiables : sa connaissance de la philosophie occidentale n'empêche en rien sa totale méconnaissance de la philosophie islamique. De plus, son manque de contact direct et profond avec les sociétés musulmanes lui fait porter des jugements inconsidérés sur certains événements et sur des personnalités musulmanes.

Dans plusieurs pages de son livre, il mène une réflexion sur la révolution iranienne en distinguant quatre registres, révélateurs du rôle du clergé :

**Premier registre** : La nature Islamique du mouvement révolutionnaire iranien détruirait de manière exemplaire les limites de toute vision marxiste. Celle-ci, en effet, réduit la révolution à une classe sociale particulière. Or, les nombreux éléments en jeu dans le mouvement révolutionnaire vont contre cette analyse : le despotisme du Shah, le divorce entre religion et politique, la tentative de valoriser la culture pré-islamique

**Deuxième registre** : La dimension religieuse de la révolution iranienne. Pour l'auteur, Khomeiny incarne cette dimension, donne au mouvement son objectif, en privilégiant le retour aux principes fondamentaux de l'Islam, à la réforme de la vie des musulmans, à la lutte contre l'injustice, à l'application des lois religieuses abandonnées depuis des siècles.

**Troisième registre** : la direction du mouvement. Le problème est simple, mais s'exprime en un dilemme : le mouvement est

Islamique, il doit être dirigé par ceux qui connaissent le mieux cette religion, c'est-à-dire les savants religieux

> *« Seuls ceux qui sont formés par la culture Islamique et qui connaissent le Coran, la tradition et le droit canon, peuvent diriger ce mouvement. Ce qui me conduit à dire que seul le clergé peut en prendre la direction*[52] *».*

Il critique alors les rêves des intellectuels d'un transfert de légitimité du clergé, vers les intellectuels. Sans les citer, il vise ainsi Shariati et Bani-Sadr, les invitant à laisser faire le clergé

> *« Il vaut mieux que ces chers intellectuels, qui se lèvent tous les matins en pensant à un transfert du pouvoir religieux du clergé vers les intellectuels, et qui chaque soir, rêvent de destituer le pouvoir clérical, pensent à autre chose, au service de l'humanité. Qu'ils laissent l'Islam, sa culture, ses forces et ses énergies, pour qu'il demeure dans les mains de ses détenteurs, formés en contexte Islamique, et dont le peuple connaît bien le discours. »*[53]

### Quatrième et dernier volet :

Motahhari cite les dangers et fléaux qui guettent ce mouvement, citant de nombreuses sources qui peuvent pervertir la révolution : infiltration d'idées étrangères à l'Islam comme à la société iranienne ; modernisme excessif qui supprime de nombreux principes Islamiques à seule fin de s'adapter aux valeurs de l'époque ; abandon d'un mouvement inachevé. Et l'auteur de valoriser le rôle précurseur du clergé, qui doit soutenir le mouvement jusqu'à la victoire sans jamais en abandonner la direction, à qui que ce soit. Enfin, il incite le clergé à dissiper les malentendus : l'Islam offre un modèle de société. Le clerc, en bon ingénieur, doit présenter le meilleur projet de société, et les conditions adéquates à sa réalisation.[54]

........................

52- Motahhari M., *« Néhzathayéeslami dar sad salé akhir »* (Les mouvements islamiques des cent dernières années), p. 71, sans date.

53- Motahhari M., *op.cit.,* p. 84.

54- Motahhari M., *op.cit,* p. 89-99.

L'opposition aux intellectuels religieux est aussi nette que son soutien au seul garant de l'Islamité du mouvement : le clergé. Peu après sa mort est publié « *autour de la Révolution islamique* » qui confirme ses prises de position antérieures, et sa vision de la révolution. Un article, *« La nature et les facteurs de la Révolution islamaique*[55]*»*, mérite une attention particulière, car il renforce sa volonté de placer l'Islam, le clergé et le droit canon au centre du débat, dévalorisant encore toute explication marxiste. Il reste ferme : cette révolution est islamique et sa seule finalité est d'en établir les valeurs :

> *« Une des caractéristiques de l'Islam, est de prêcher à ses adeptes, l'esprit de contestation, de lutte et le refus d'une situation défavorable... Il faut faire tout le possible pour la nier et la refuser afin d'établir une situation meilleure et idéale ... Mais ici, un point essentiel nous place en réalité devant une alternative. Je l'ai déjà dit, l'Islam est inséparable de la révolution. La graine de la révolution se trouve dans la doctrine Islamique. Pour cette raison une question s'adresse à tout musulman : quelle est la voie d'avenir ? La Révolution islamique ou l'Islam révolutionnaire ? »*

Cette distinction entre un Islam révolutionnaire et Révolution islamique met en évidence la tension entre deux visions de l'Islam. Motahhari use de cette distinction pour critiquer la vision d'un Islam prêchant la révolution.

> *« La Révolution islamique signifie la voie qui conduit à l'Islam et aux valeurs Islamiques : la révolution et la lutte se réalisent nécessairement, pour établir les valeurs Islamiques. Autrement dit, dans cette voie, la lutte n'est pas la fin, mais le moyen. Mais certains confondent Révolution islamique et Islam révolutionnaire, c'est-à-dire, que pour eux, la révolution et la lutte sont la fin, l'Islam n'étant que le moyen pour cette lutte. (...)*

.........................

55- Motahhari M., « La nature et les facteurs de la Révolution islamique », *Le Message de l'Islam*, n°12, octobre - novembre, 1982.

*En réponse à ce [dernier] groupe, il faut dire que, contrairement à ce qu'il pense, bien que la lutte soit essentielle, cela ne veut pas dire qu'il est révélé sans autre but que la lutte. Dans l'Islam, il y a de nombreux ordres, entre autres celui de la lutte. Mais cette idée que la lutte est essentielle provient de l'esprit matérialiste. »*[56]

Il reproche aux intellectuels religieux leur matérialisme historique et ajoute :

*« L'Islam aussi commente l'histoire, selon le principe d'une division de la société en deux pôles, et de la guerre de l'opprimé, contre l'oppresseur, qui finit par la victoire de celui-là et la défaite de celui-ci... Mais dans le Coran, un point délicat mérite l'attention : selon l'Islam tout mouvement divin a pour objectif les opprimés, mais le point de départ de tout mouvement et de toute révolution n'est pas nécessairement la défense des opprimés. Contrairement à la doctrine matérialiste qui prétend que le mouvement n'a d'autre soutien que les opprimés et leurs intérêts contre les classes aisées, l'Islam affirme que le mouvement des Prophètes favorise les intérêts des opprimés, mais ne repose pas exclusivement sur ces derniers. (...) Même les classes aisées et exploitantes sont visées, car dans la conception Islamique du monde, à l'intérieur de chaque oppresseur, de chaque pharaon, gît un individu enchaîné. »*[57]

Cependant, Motahhari voit que la cause de cette situation provient bien de l'influence des idéologies occidentales ainsi que du quiétisme du clergé conservateur. Il note que :

*« La majeure partie des luttes héroïques contre la dictature et l'exploitation, est menée par des gens aux tendances plus ou moins matérialistes. Ce sont eux qui occupent, sans aucun doute, les barricades héroïques et s'ils se sont approprié le dynamisme et le révolutionnarisme, c'est que les notions religieuses se sont vidées de leur contenu héroïque ».*[58]

........................

56- Motahhari M., « La nature et les facteurs de la Révolution islamique », *Le Message de l'Islam*, *op.cit.*

57- Motahhari M., *Op.cit.*, p. 9.

58- Motahhari M., « Matérialisme dar Iran », *op.cit.*, p. 210.

## Conclusion

Motahhari incarne un versant moderniste, mais clérical de la révolution iranienne. Comme toutes les pensées du temps, la sienne a subi la pression de l'urgence : renverser un Shah trop despotique, maintenir la cohésion du mouvement révolutionnaire, préparer les lendemains.

Plusieurs points marquent bien son projet de réforme de la pensée religieuse comme de l'institution cléricale :

Il existe chez lui une haine du communisme. Replaçons-nous à cette époque. Le communisme ne s'est pas effondré, et loin d'apparaitre comme tigre de papier, il est aimé ou craint comme une force immense, mais aussi totalitaire. La position de Motahhari est certainement marquée par le fantasme de la toute-puissance de son ennemi.

Une autre ligne de force est sa connaissance du clergé, et de ses ambiguïtés. Il sait toute l'insuffisance de ce clergé, et la nécessité d'une reprise en main. Il reconnait également que le clergé possède une puissance sociale, même si elle s'appuie parfois sur un traditionalisme suranné. Il compte sur la capacité de l'institution cléricale à métamorphoser et à moderniser le clergé, en s'appuyant sur la formation et sur une organisation cléricale solide et hiérarchisée.

# Le contexte de l'émergence de nouveaux intellectuels musulmans

Dès la fin des années 80, se font jour une mise en cause des paradigmes révolutionnaires et une critique de l'Islam politique. L'effervescence pré-révolutionnaire disparait avec la chute de la monarchie Pahlavi (février 79). Se mettent en place un nouveau système politique et une nouvelle histoire qui vont cheminer au milieu de pressions endogènes et exogènes. La guerre Iran- Irak (1980-1988), la mort de Khomeiny (1902-1989), sont du premier type, la chute du mur de Berlin (9 novembre 1989) et le déclin du communisme en Iran, comme ailleurs dans le monde, sont du deuxième type.

## La chute du mur de Berlin

La chute du mur de Berlin va prendre valeur de symbole, et être un élément repère dans l'évolution de l'opinion, d'autant que la chute du communisme soviétique va suivre. En Europe comme en Iran, la croyance dans le communisme fut forte. Plus personne ne peut croire en sa toute-puissance. Les mouvements tiers-mondistes font les frais de l'opération, l'URSS ayant été un grand soutien de leur action. Avec ces chutes en cascade, le mouvement anti-impérialiste et anti-occidental, sans disparaître, change de forme. La chute ou la baisse d'influence de l'empire soviétique signe l'échec du socialisme, et la fin des heures de gloire des utopies révolutionnaires. Leur langage paraît, soudain, obsolète.

Les thèmes de la société sans classe ou de la justice de l'État prolétarien perdent une bonne part de leur pouvoir de fascination. L'idée d'une révolution qui porte en elle-même les réponses aux problèmes sociaux et politiques n'est plus crédible. C'en est fini de la grande narration de l'Histoire et du messianisme. La base des intellectuels révolutionnaires vacille.

Dès lors, est enterrée largement la croyance en une révolution rédemptrice du monde et de l'humanité. Un changement de climat intellectuel apparait. Aussi, la révolution iranienne fait l'objet d'évaluations de plus en plus diverses chez ceux qui y ont participé, et leur interprétation génère des orientations nouvelles. L'Islam s'oriente vers une vision plus républicaine et certains de ses membres s'engagent dans l'élaboration d'un discours républicain anti-autoritaire, volontiers réformiste. Il ne s'agit pas d'un rejet de ce qu'il s'est passé pendant la Révolution islamique, encore moins d'un rejet de l'Islam. C'est au nom même de leur engagement religieux, que beaucoup vont combattre le régime qui en vient à se placer en contradiction avec l'essentiel de l'Islam. De là un refus de la sacralisation du politique. La religion se réclame davantage de l'intériorité du croyant. L'échec de la révolution iranienne n'est pas l'échec de l'Islam, mais celui d'un régime politique particulier. Critiquer ce régime est même indispensable pour sauver l'Islam et le désolidariser d'une vision très particulière de l'Islam.

## La guerre et la mort de Khomeiny

D'autres éléments plus endogènes sont déterminants dans cette prise de conscience des intellectuels musulmans. L'Iran, à peine le Shah renversé, s'engage dans la longue guerre, Iran- Irak (1980-1988), épuisante et meurtrière. Puis, très vite, survient la mort de Khomeiny (1902-1989) qui a son importance, car il a été pour beaucoup le symbole de la révolution, de sa victoire, de la capacité d'une population à prendre sa liberté. Sa mort va créer un vide.

Si Khomeiny incarnait la victoire de la révolution, il n'incarne pas victoire de la guerre Iran- Irak. Lui-même avait perçu cette guerre comme « *grâce divine* ». Sur le plan intérieur, cette situation a justifié un régime répressif et la fondation d'un État quasi totalitaire, d'importants déplacements de populations, un nombre de morts énorme. Pendant cette guerre, le discours politique a été amené à développer une culture du martyre, chez ses soldats. Au nom de la victoire, un lourd sacrifice était demandé, mais la victoire ne vint pas. D'où des changements profonds. La fin de cette guerre contribuera au climat de fin de l'utopie. Se prépare la naissance de ce que Khosrokhavar appelle « l'intellectuel post-Islamiste ». L'Islam, l'État, l'institution religieuse ne se confondent plus. L'islamisme fait un amalgame que le post-Islamisme récuse. Nait un Islam qui conteste fondamentalement les radicalismes.

## Le climat humain

Dans la situation créée par la guerre et par le changement de climat mondial, les forces du régime s'épuisent, les croyances des intellectuels iraniens de toute l'opinion sont largement déstabilisées. F. Khosrokhavar décrit bien un changement qu'il définit comme un changement d'ère :

> *« La fin de la guerre (1988), la mort de Khomeiny (1989) et l'avènement d'un nouveau groupe au pouvoir sous l'égide du nouveau président de la République Rafsandjani ouvre une nouvelle ère. Celle-ci est marquée par le désenchantement révolutionnaire, par la perte du charisme lié au pouvoir (qu'incarnait Khomeiny) et par une désaffection de plus en plus prononcée des jeunes face à la scène politique. Celle-ci opère, désormais, comme un principe d'ordre dans une société où toute mobilisation politique est discréditée à cause de l'échec de la révolution. »*[59]

.........................

59- Khosrokhavar F., « L'Iran, la démocratie et la nouvelle citoyenneté », *op.cit.*

Dans les années 1990, la vie intellectuelle et culturelle change, s'individualise et prend des formes assez diversifiées. E. Butel décrit une des faces de cette nouvelle situation :

> *« Depuis la fin de la guerre avec l'Irak, au début des années quatre-vingt-dix, l'Iran s'est totalement dégagé du tabou révolutionnaire de l'argent pour se tourner vers le culte du profit [...] Une bonne partie de la population renie tout engagement politique car, selon elle, la politique est pourrie. Seul l'argent sauve l'individu de la vacuité et de la déshérence. »*[60]

L'autre face, ou plutôt l'une des autres faces peut être incarnée par les intellectuels religieux et une partie du clergé, qui entreprennent un bilan critique de l'islamisation, et défendent les valeurs humaines et religieuses que leur a enseignées leur expérience d'homme et de croyant. Ils vivent dans ce climat nouveau. Certes, ils ont changé :

> *« Désormais, on n'est pas attiré par des solutions radicales et suite aux désillusions révolutionnaires, les intellectuels ne cherchent pas à bouleverser l'ordre social de manière expéditive, comme pendant la Révolution islamique. Ils font l'expérience de la patience, ils deviennent progressivement réformistes, ils se qualifient de «nouveaux intellectuels religieux », en fait, ce sont des « intellectuels post-islamisme*[61] *» en ce sens qu'ils rompent avec l'idée de l'imbrication du politique et du sacré. »*[62]

Ces intellectuels ont quitté les ardeurs islamistes et désormais veulent vivre comme sujets, hommes qui agissent, vivent leur action de transformation de la société, la réajustant au fur et à mesure des actes de conscience. Ils se trouvent alors face à deux défis. Le premier « *l'expérience d'un espace où dominaient le discours et*

........................

60- Butel E., « L'individu post-islamiste en Iran : la nouvelle jeunesse », in *CEMOTI*, 1998, juillet-décembre, Paris, n° 26, p. 168.

61- Khosrokhavar F., « Les intellectuels post-Islamistes en Iran », revue *Awal*, n° 11, 1994, « Les intellectuels post-Islamistes en Iran revisités », revue *Trimestre du Monde*, 1e trimestre, 1996.

62- Khosrokhavar F., « Le nouvel individu en Iran », *op.cit.*, p. 138.

*l'action populistes »* et *« Le second défi étant l'expérience de la Guerre*[63] ». Cette situation provoque « *une crise », « l'effondrement de l'utopie révolutionnaire »* le *« désespoir des acteurs révolutionnaires*[64]*».* C'est entre ces extrêmes que les nouveaux intellectuels religieux vont avoir à tracer leur chemin. Ils le font en ayant une conscience très aiguë de cette faille qui, traverse toute cette société : D'un côté un modernisme, guetté par un individualisme forcené ; d'un autre, une crispation désespérée qui veut se raccrocher à un passéisme ou à une tradition fermée, voire sclérosée.

........................

63- Saghafi M., *Ta'ammolât-e irâni* (Les réflexions iraniennes), Téhéran, éd., Rowzaneh, 1997, p. 7.

64- Khosrokhavar F., « L'Iran, la démocratie et la nouvelle citoyenneté», *op.cit.*

# Abdolkarim Soroush (1945 )
# Nouvelle figure de l'intellectuel religieux

L'Histoire intellectuelle iranienne de la post-révolution place Soroush au centre de la formation de la nouvelle élite religieuse iranienne. Avec Shariati, il est l'intellectuel religieux qui a le plus marqué les débats des cinquante dernières années en Iran. Par sa démarche herméneutique, il s'engage sur d'autres chemins que son aîné. Sa conception de l'Islam lui interdit la prétention idéologique totalisatrice qu'avait Shariati. L'action, la pensée des hommes et la religion révélée sont de deux ordres différents. Cette séparation du religieux et du profane, selon lui, exclut le politique du champ de la révélation religieuse, il laisse cependant, dans l'espace public, une place importante à la religion et toute forme d'expérience religieuse. La mise à distance radicale des deux domaines est, pour lui, de rigueur. Son influence le met au confluent de toutes les forces : face à Shariati, il définit une nouvelle forme de religiosité, caractérisée par l'expérience religieuse, qui n'est autre que le rapport du croyant à la transcendance, et il bouleverse par la même occasion, le rapport entre le social et le religieux. Il donne ainsi naissance à un personnage nouveau : « l'intellectuel religieux », reconnu socialement, et cependant non-clerc. Sa profonde connaissance de l'Islam lui a permis de proposer un espace d'autonomie dans la manière d'appréhender l'Islam. Les jeunes peuvent ainsi trouver de nouvelles sources d'identité. Shariati séduisait, suscitait l'enthousiasme et « emportait » son auditoire, tandis que Soroush tente de proposer une vision pluraliste de l'Islam, permettant à chacun de trouver son chemin, tout en restant dans la communauté musulmane. En trois décennies, cette nouvelle figure a transformé le paysage intellectuel iranien, même si l'évaluation de son travail départage, à l'intérieur comme à l'extérieur du pays, des chercheurs et des acteurs. Il est, de toute évidence, une figure incontournable, pour qui s'intéresse à l'histoire récente de l'Iran, et à l'évolution de la société iranienne.

Le succès de Soroush à l'étranger montre qu'il ne s'agit pas d'une vaine agitation en milieu clos. En France, Y. Richard, dans un article consacré aux intellectuels iraniens, évoque son nom et les débats qu'il a suscités, surtout avec Davari[65]. F. Khosrokhavar depuis le début des années 1990, met dans plusieurs articles,[66] l'accent sur la fécondité de sa démarche. Dans « comment sortir d'une révolution religieuse ? »[67] (livre écrit avec Roy), il fait de Soroush une figure importante dans la remise en question des paradigmes révolutionnaires. Cette figure phare de la pensée iranienne dépasse le cadre des frontières nationales. Il est très représentatif de l'attitude réformiste : il adhère à la révolution, mais prend ses distances dès qu'apparaît le danger de politisation du religieux.

.........................

65- Richard Y., « Clercs et intellectuels dans la République islamique d'Iran », in *Intellectuels et militants de l'Islam contemporain (*dir.) G. Kepel et Yann Richard, Paris, Seuil, 1990.

66- Khosrokhavar F., « Les intellectuels post Islamistes en Iran », *Awal* n° 11, Paris, 1994.

67- Khosrokhavar F et Roy O., *Comment sortir d'une révolution religieuse ?*, Paris, Seuil, 1999, particulièrement le chapitre consacré aux débats intellectuels.

## Une identité multiple

Comment alors approcher cet homme au rôle historique incontestable ? Comment passe-t-on de celui qui, vers la fin de l'ancien régime, vivait à l'ombre de Shariati, à ce maître à penser des jeunes musulmans, à cette référence incontournable du débat intellectuel iranien, à cet auteur à succès à l'étranger ? Pour répondre à ces questions, le mieux est d'interroger d'abord son cursus personnel. Il n'y a pas d'écrit complet sur sa trajectoire, et sur l'évolution de sa pensée, mais les bribes que nous possédons et, plus particulièrement, les entretiens qu'il a accordés à plusieurs journaux permettent d'esquisser son itinéraire.

Né en 1945 à Téhéran, dans une famille commerçante très modeste du quartier populaire de Téhéran, il fait ses études secondaires au lycée Alavi, fondé dans les années 1950 par les commerçants du bazar en vue d'offrir à leurs enfants une éducation religieuse et moderne. Ce lycée a contribué à former l'élite religieuse, dont certains sont devenus des cadres de la République islamique, d'autres ayant rejoint l'organisation des Moudjahiddins. Après le baccalauréat, il a suivi un cursus universitaire en pharmacologie, et raconte qu'il a fréquenté quelque temps, l'Association *Hodjatié*, réputée pour ses luttes anti-bahaïes. Rapidement, les idées de cette association ne le satisfont plus. Il n'y reste pas, en dépit de son respect pour le fondateur, l'ayatollah Hallabi. Vers la fin des années 60, comme beaucoup d'étudiants musulmans de sa génération, il fréquente le centre « *Hosseinieh Ershad* », y écoute les conférences des intellectuels religieux, et surtout de Shariati et de Motahhari, à qui il a consacré plusieurs articles. Ces deux hommes sont considérés, avec Khomeiny, comme ses trois favoris, à qui il accorde toute son attention. Il prend, dès sa parution, connaissance du livre de Khomeiny « pour un gouvernement islamique » et en devient le disciple[68]. Il soutient Khomeiny dans les premières années de la révolution, et prononce un discours très élogieux lorsque le guide de la révolution iranienne disparait en 1989. Il classe ce dernier parmi les réformistes religieux dont le projet est de réformer la société musulmane. Mais il prend progressivement ses distances et prétend même n'avoir jamais soutenu Khomeiny.

> *« Je dois vous dire que bien qu'ayant lu le livre de Khomeiny de manière clandestine, en Iran, après l'avoir relu attentivement lorsque j'étais en Angleterre. J'en ai été découragé. Ce livre est un peu simple et simpliste en matière de politique et de gouvernement, surtout quand Khomeiny prétend que l'Islam a tout et qu'il n'a besoin de rien. »*[69]

Après son service militaire, il part pour Boushéhr, ville du sud de l'Iran. Il se souvient de cette première rupture avec sa ville natale et son environnement familial.

> *« Mon séjour dans cette ville est l'un des meilleurs moments de ma vie. J'avais envie depuis longtemps de passer un temps en dehors de ma famille pour sentir l'expérience de la solitude bénéfique. Ce séjour m'a permis de faire la connaissance de nouveaux amis parmi lesquels il y avait un clerc, Haj agha Nabavi, devenu député après la révolution, mais aussi des militants politiques qui menaient des activités contre le régime. »*[70]

Durant cette période il prend aussi conscience de la différence entre la vie urbaine et rurale et dit être frappé par le retard dont souffre cette ville d'indispensables éléments de confort. Il organise à cette époque des séminaires pour militants politiques.

En 1972, de retour à Téhéran, il se marie, et décide de quitter l'Iran pour Londres afin d'y poursuivre ses études.

.........................

68- Soroush A., *« Ghésseh arbabé maréfat »* (*Le récit des maîtres de la connaissance*), Téhéran, éd., Serat.

69- *Revue Nameh*, « Révolution, religion, intellectualité », n° 28, 2004.

70- Soroush A., *« Aiiné shahriari va dindari »*, Téhéran, éd., Serat.2000, p. 398-399.

> *« Je suis allé en Angleterre pour étudier essentiellement les sciences sociales. Comme je n'ai pas réussi à m'inscrire dans cette discipline, j'ai opté pour la chimie et je me suis spécialisé en chimie analytique. J'ai aussi découvert pendant cette période une discipline « philosophie des sciences» dont j'ignorais l'existence. La rencontre avec cette discipline m'a conduit à poursuivre mes recherches dans ce domaine et je me suis intéressé à l'étude de la philosophie moderne et particulièrement celles de Hume et de Kant. Même si auparavant j'avais déjà étudié les sciences modernes et la philosophie Islamique, je dois avouer que mon séjour londonien a eu une influence décisive sur ma trajectoire intellectuelle. »*[71]

Cette période londonienne a eu, en effet, une résonnance considérable sur sa formation théorique et philosophique. Il se consacre désormais à l'étude de la philosophie analytique et de la pensée politique et épistémologique de K. Popper et plus particulièrement la philosophie des sciences.

> *« La philosophie des sciences fut pour moi une vraie révélation. Elle m'a ouvert de nouveaux horizons et a marqué un tournant important dans mon développement intellectuel. Elle m'a poussé à remettre en question, à réexaminer et à modifier la compréhension que j'avais de la philosophie et de la métaphysique aristotélicienne. J'aime considérer mon séjour en Angleterre comme une période de contemplation permanente. Je mangeais, dormais et me promenais en « philosophie». J'étais bombardé de questions dérangeantes et d'intuitions stimulantes. J'étais en permanence au travail, passant au crible, révisant, synthétisant, harmonisant et percevant les différentes composantes de ma formation et de ma connaissance. En particulier, je me colletais avec des questions concernant la relation entre science et philosophie, autrement dit entre science et métaphysique. Pas une seule minute où je sois éveillé, que ce soit en marchant, dans le métro, assis chez moi ou travaillant en bibliothèque, sans que je sois aux prises avec quelques problèmes sérieux et importants. »*[72]

.........................

71- Entretien personnel avec l'auteur.

72- Benzine R., *Les nouveaux penseurs de l'Islam,* Paris, Albin Michel, 2004,

Jusqu'à la révolution iranienne, il publie quelques articles avant de se lancer dans la réforme de la pensée Islamique.

## Révolution islamique

Soroush reste à Londres pendant le mouvement révolutionnaire et décide de retourner en Iran, quelques mois après l'instauration de la République islamique. Il va alors s'engager directement dans des activités politiques liées au nouveau pouvoir politique, en intégrant l'État-major de la *révolution culturelle* (*sétadé énghélabé farhanghi*), qui voulait Islamiser l'université et ses enseignements. Cette participation a nourri de violentes polémiques, à l'intérieur comme à l'extérieur : aux heures noires, cette instance a en effet fait fermer les universités et a eradiqué un grand nombre d'enseignants, période dont il appartiendra à l'historien de décrire le détail. Il n'est pas inintéressant de donner ici son point de vue, car il s'est expliqué plusieurs fois sur le sujet.

Pour clarifier son rôle dans le processus de légitimation du nouveau régime et l'Islamisation de l'enseignement supérieur, il distingue la « *Révolution culturelle* » dont le but était la fermeture des universités du « *Comité de réouverture des universités* » dont l'objectif principal était d'organiser l'enseignement et les programmes :

> *« Mon entrée dans l'État-major de la Révolution culturelle s'est faite en tant que simple citoyen du pays. J'ai été appelé par un Guide légitime d'une Révolution populaire à participer au changement du système de l'enseignement supérieur. Nous cherchions à faire, chaque jour de la révolution, quelque chose pour notre peuple. Il faut distinguer Révolution culturelle - qui abouti à la fermeture des universités, - et État-major de la révolution culturelle dont l'objectif est la réouverture des universités. »*[73]

p. 61-62.

73- Soroush A., *« Razdani, roshanfékri va dindari »* (Connaissance des mystères, intellectualité et religiosité), Téhéran, éd., Seart, 1991, p. 38-39.

Il a toujours nié une quelconque participation à la liquidation des enseignants et des universitaires et a toujours soutenu une version montrant sa volonté à la réouverture et à l'introduction, dans le cursus universitaire, des sciences sociales, de la philosophie des sciences, et de la philosophie de religion.

Lors d'une conférence aux États-Unis, il a eu à répondre à une question venant d'un réfugié politique iranien membre d'une organisation d'extrême gauche. Celui-ci montrant sur son corps les traces de torture, a accusé Soroush d'une collaboration avec un régime répressif. La réplique de Soroush étonne par son ton :

> *« Les groupes armés qui avaient envahi les universités dans les deux premières années de la révolution ont été chassés par la force des armes et il ne faudrait pas maintenant se plaindre qu'ils aient été chassés. La réponse à « bonjour» est « bonjour» et la réponse à l'arme est l'arme. Celui qui fait la guerre doit se préparer aussi à la défaite. Mais je dois ajouter que l'État Major de la Révolution culturelle a été fondé pour l'ouverture et non pour la fermeture des Universités ; j'en ai été l'un des membres et j'ai travaillé nuit et jour sans réclamer aucun salaire. Je me suis contenté de mon faible revenu universitaire et ne prétends à rien de plus. Je pense, par contre, que j'ai servi mon pays et, face à ceux qui voulaient garder les universités fermées pendant vingt ans, j'ai participé à leur ouverture. J'y ai aussi introduit les sciences sociales. Que ce soit, il y a quatorze ans, quand j'ai démissionné de l'État-major de la révolution culturelle, ou aujourd'hui devant vous, je n'avais qu'une seule ligne de conduite : mettre mes connaissances à disposition des chercheurs. »*[74]

Sa démission, refusée la première fois par Khomeiny, a été acceptée en 1983. Une fois loin de la politique, sa vie intellectuelle, et ses activités culturelles reprennent. Il se consacre entièrement

74- Soroush A., *« Siasat nameh »* (Les lettres politiques), Téhéran, éd., Serat, vol. 1, 1999, p. 360.

à la construction théorique de l'Islam. C'est ainsi qu'il devient, dans les débats publics, cette référence incontournable.

## Évolution de la pensée philosophique et politique de Soroush

Cette présentation de la trajectoire de Soroush doit permettre de mieux situer son travail dans la période post-révolutionnaire, fait d'une continuité, mais aussi de ruptures, dont la plus importante est la critique des sciences religieuses. Ce porte-étendard du renouveau de la pensée islamique, est peu connu au début de la Révolution. Bientôt, sa volonté de concilier appartenance religieuse et valeurs occidentales ne laisse pas indifférent. Il révèle ainsi un point particulièrement névralgique de la crise identitaire islamique, et tente une nouvelle formulation des éléments constitutifs de l'identité iranienne. Son attachement à la science le conduit à porter un regard objectivé sur le développement de la science religieuse.

Soroush traite de sujets très différents allant de la littérature, à la poésie, de la philosophie religieuse, à la nouvelle théologie en passant par l'épistémologie, la philosophie des sciences et particulièrement la philosophie des sciences sociales. L'objectif n'est pas ici d'étudier l'ensemble de son travail, mais plutôt de dégager quelques étapes dans son parcours intellectuel. Sont distinguées quatre périodes, chacune correspondant à une thématique particulière. La première est la critique du marxisme, importante dans les premières années de la révolution ; vient ensuite la deuxième période où il élabore sa thèse connue sous le titre « *Contraction et dilatation théorique de la charia* ». Cette critique du savoir religieux et du clergé s'accompagne d'une critique de la vision idéologique de Shariati et de ses héritiers. La troisième période se cristallise autour de sa conception de l'Islam. Enfin, la démocratie et la problématique de l'identité seront abordées en une quatrième étape. Cette présentation montre comment son entreprise s'inscrit dans la lignée des grands réformateurs du monde musulman, tout en se démarquant par sa réflexion philosophique et épistémologique. Compte tenu de l'importance du libéralisme dans son projet, quelques aspects de sa conception du libéralisme vont être présentés avant d'aborder les étapes de sa trajectoire.

## Une philosophie critique libérale

De retour en Iran quelques mois après la victoire de la révolution, il consacre l'essentiel de ses activités à la critique du marxisme. Sa démarche s'inspire de la philosophie politique de Popper, point que ses détracteurs dénonceront, comme signe d'appartenance à la culture occidentale. Plusieurs articles dans différentes revues indiquent cette filiation: l'occidentalisme n'a pas la côte. La priorité ici n'est pas d'établir cette filiation, mais de voir comment il use des concepts, pour les rendre opératoires dans le contexte qui le préoccupe. Ceci lui permet de critiquer les deux idéologies régnantes de l'époque : le marxisme et l'islamisme.

Son opposition au marxisme et à l'Islam politique et clérical, tout comme sa vision libérale de l'espace public, l'immunisent contre ces idéologies totalitaires. Le totalitarisme, clérical ou non, ne fait pas partie de ses options. L'intelligentsia du moment, dominée par ces visions globalisantes, rejette, toutes tendances confondues, démocratie et libéralisme, vécus comme symboles du capitalisme et de la domination bourgeoise. L'anti-impérialisme, le pro soviétique, le cléricalisme des intellectuels religieux se rejoignent dans le même refus de toute réflexion critique. La mise en cause de ces utopies était inexistante. Dans ce contexte, Soroush, appuyé sur l'épistémologie poppérienne, et plus particulièrement les concepts de réfutabilité et de falsifiabilité, récuse toute version marxiste ou marxienne. Cette critique le conduit à une philosophie politique d'inspiration libérale. Son rationalisme critique lui interdit toute prétention à un « savoir» définitif. Si une hypothèse est lancée, corroborée, elle survit ; réfutée, elle meurt. Tout se réduit à une dynamique du provisoire. Ce rationalisme critique, en politique, fonde son réformisme, qu'il préfère, comme Popper, à l'utopisme des grandes théories invérifiables. Popper, reprenant l'histoire de la philosophie depuis Platon, avait construit une typologie des sociétés humaines. Il distinguait les sociétés ouvertes, et les ennemis de cette société qui prétendaient établir des lois du développement de la société humaine et connaître le cours de son histoire. Avant d'agir, l'utopisme établit, dans ses moindres détails, la maquette d'une cité idéale non réalisée (ce qui ne signifie pas non réalisable) ; le réformisme, lui, pose l'impossibilité de connaître à l'avance le cours de l'histoire, et refuse qu'une société puisse ne connaître aucun conflit. L'amélioration des conditions de vie se fait alors par des réformes. La critique devient la seule arme de changement.

Pour Soroush, qui rejoint Popper, les conséquences du refus de l'utopisme sont les suivantes :

- Impossible de connaître la totalité et d'agir sur elle. Vouloir pratiquer une science de la totalité sociale, ou mener une action globale est illusoire.
- Il n'est évidemment pas possible de disposer du savoir nécessaire pour faire le plan d'une société idéale. Cette ingénierie sociale, obsession des systèmes totalitaires, se cristallise dans une planification de tous les domaines de société.
- L'idéal d'une cité parfaite et tangible est mythique et illusoire. La politique ne doit pas viser une perfection : elle ne serait atteinte qu'aux dépens du bonheur des individus.

La critique de l'utopisme conduit Soroush au libéralisme, vu comme instrument de gestion de l'espace public et politique. Il soutient ainsi la nécessité d'un État moderne. La tradition libérale lui sert de base pour construire sa conception du libéralisme.

Le libéralisme, selon lui, comprend trois domaines[75] : le politique, l'économique et le philosophique. En politique le libéralisme veut limiter le rôle de l'État, accordant une large part aux initiatives individuelles. Si certains, comme Hayek, minimise fortement l'intervention de l'État, d'autres comme Popper la soutiennent dans quelques domaines tels que: la réduction des inégalités sociales, la répartition plus juste des biens économiques. Le libéralisme peut exister aussi dans le domaine de la pensée et de la culture. L'auteur développe ce point et se réfère au texte de Kant «qu'est-ce que la lumière » ? Le philosophe allemand y posait les conditions de sortie de l'obscurantisme ou plus exactement de sortie de cette minorité dont l'homme est responsable. La fameuse phrase de Kant « aie le courage de connaître » caractérise selon Soroush, le fond du rapport de l'homme au savoir et met en question la subordination de tout individu à un autre par ce rapport au savoir. Cette conception du libéralisme qui englobe les différents domaines, désacralise le pouvoir et promeut la liberté de l'homme. Libéralisme signifie, toujours selon Soroush, l'émancipation de l'homme, par rapport au sacré. Notre devoir est d'analyser les idées, non de les glorifier. Le libéralisme voit l'homme se libérer de la domination religieuse. Cette émancipation s'élargit aux croyances, car le libéralisme, sur le plan anthropologique, attribue à l'homme une valeur absolue. Selon ce libéralisme toute idée peut faire l'objet de critique, et il ne peut pas y avoir de supériorité d'une religion: personne ne peut être inquiété en raison de son appartenance à une croyance quelconque. Est réévalué alors le principe fondateur de toute vision du monde religieux, basée sur la distinction du sacré et du profane. En abordant ainsi le profane, les idées, la croyance, Soroush renouvelle la vision de l'apostasie (*értédad*) dans la religion musulmane. À propos de l'interprétation

.........................

75- Soroush A., « Les fondements théoriques du libéralisme », in *« Razdani, roshanfekri va dindari »*, Téhéran, éd., Sérat, 1991, p. 120 et suivantes.

officielle de l'Islam, Soroush considère que toute mise en cause relative aux textes sacrés est susceptible d'une condamnation pouvant aller de l'emprisonnement à l'exécution capitale.

Cette vision du libéralisme n'est pas, a priori, compatible avec les religions. Le libéralisme, tel qu'il est défini par Soroush, rejette le principe de domination religieuse. Mais pour autant, tout musulman est obligé d'abandonner ses croyances religieuses ? Accepter la religion et s'interroger sur les modalités de fonctionnement du politique, selon des principes religieux, peut alors entrer en contradiction avec le libéralisme, mais n'enlève rien à la religiosité (entendue comme manière d'être religieux). La libéralisation de l'économie et de l'État est tout à fait possible dans une société religieuse, si cette libéralisation est une entreprise rationnelle et scientifique, et compatible avec les fondements de la religion.

### La critique du marxisme

La base de ses réflexions est le livre de Popper : « *La société ouverte et ses ennemis* ». Ses adversaires, conscients du rôle de Popper sur sa pensée, attaqueront alors fortement la méthodologie poppérienne, lourde d'implications religieuses. Ces critiques ont eu au moins l'avantage de montrer que ses adversaires en ont, eux-mêmes, perçu l'importance : les tenants de l'idéologie officielle y perçoivent une négation de la sacralité du religieux, et même, une destruction de ses fondements.

Trois livres représentent bien cette phase :

1. « *La dialectique* » qui réfute la théorie de la connaissance marxienne, et l'usage qu'en font les militants iraniens.
2. « *Le savoir et la valeur* », consacré à la morale, et à la possibilité de fonder une véritable science sur ce sujet.
3. Le « *dogmatisme masqué* » met à plat le matérialisme historique et ses applications en Iran.

Redevable à l'épistémologie de Popper, Soroush reconnaît parfaitement cette dette. Il évoque parfois le contexte polémique qui entourait alors cet auteur :

> *« Il est certain que l'opposition à Popper était au départ l'affaire des milieux de gauche pro-soviétique, incarnée par le Parti Communiste Iranien. De toute façon, je dois dire clairement que j'ai étudié en Angleterre la philosophie des sciences et Popper est sans aucun doute l'un des plus grands en ce domaine. Vous ne pouvez pas étudier cette discipline et laisser de coté ses idées. En ce sens, j'ai lu Popper et je connais relativement bien sa pensée. Je pense que les Iraniens l'ont connu par l'intermédiaire de mes livres, même si l'un de ses livres (« Misère de l'historicisme ») avait déjà été traduit en persan avant la révolution. »*[76]

Cependant, le contexte iranien le conduit à délaisser cette critique : le marxisme lui semble sur le déclin en Iran. Dans un entretien, Soroush revient ainsi sur son passé :

> *« Premièrement, mon combat contre le marxisme était très critique ou négatif, et je ne pouvais proposer d'alternative à cette idéologie. Deuxièmement, l'influence du marxisme a considérablement diminué en Iran, d'abord en raison de la victoire de la Révolution islamique, mais aussi du déclin du communisme. Sa présence a presque disparu dans les débats. Enfin, le marxisme tel que perçu par la gauche iranienne est un marxisme vulgaire, sans profondeur et sans grand intérêt pour une réflexion sérieuse. Ces éléments m'ont conduit à abandonner la critique du marxisme, mais j'ai conservé intact tout l'intérêt que j'ai eu pour cette idéologie dans les critiques que j'ai ultérieurement formulées à l'encontre de toute forme de totalitarisme. »*[77]

Après cette critique du marxisme il s'engage dans l'épistémologie des sciences religieuses. Il s'interroge sur les conditions de possibilité et de validité d'une science religieuse, et par la même sur les conditions de l'émergence de cette science religieuse. Les conséquences de sa manière de voir ne sont pas

76- Soroush A., *« Aiine shahriari »*, Téhéran, éd., Serat, 2000, p. 394-395.

77- Entretien personnel avec l'auteur, juillet 1999.

anodines : aucune science (ou connaissance) religieuse ne peut échapper à un examen critique.

### La critique des sciences religieuses et du clergé

Soroush s'engage dans un travail de déconstruction de la pensée religieuse et des sciences religieuses. Ses réflexions, qui commencent par quatre articles intitulés « *Ghabz va basté théorique charia (Contraction et dilatation ou expansion théorique de la charia),* deviennent alors, dans les débats publics, une référence incontournable pour une génération d'intellectuels engagés dans la vie politique, et publique.

Dans ces articles, qui formeront un livre, Soroush s'intéresse à l'évolution des écoles théologiques et évalue l'impact des sciences, dans le secteur religieux, et les influences que ces écoles ont subies avec l'arrivée des nouveaux savoirs.

> *« L'introduction de nouvelles doctrines dans les écoles théologiques est inévitable. Chaque discipline peut être comparée à un vase, et l'ensemble sera soumis au principe des vases communicants, c'est-à-dire qu'il crée un lien entre chaque discipline et, entre disciplines, une influence peut ainsi s'opérer. Quand une science se développe dans un pays, de nouveaux outils sont utilisés, qui peuvent se transférer facilement dans d'autres pays. De la même manière que les centres religieux utilisent les outils modernes tels l'ordinateur, ou Internet, l'utilisation de sciences modernes commence son chemin. Quand j'enseignais, il y a déjà quelques années, dans les centres théologiques, mes cours ont eu un grand succès auprès de jeunes clercs et la traduction en persan des livres de philosophie de religion et de morale par les clercs montre bien l'intérêt qu'ils portent à ces nouveaux savoirs[78]. »*

Soroush, à travers une lecture du Coran, montre comment les « contractions » et « dilatations » qui touchent toutes religions

78- Soroush A., *« Aiiné shahriari va dindari », op.cit.*, p. 328.

impliquent une succession d'appauvrissements et d'enrichissements du message. Le texte n'existe pas seul. Toutes les interprétations en font partie, et permettent une autre compréhension du texte. L'histoire saisit l'évolution de cette compréhension, avec ses hauts et ses bas. Soroush définit alors avec beaucoup de précision son attitude. Contrairement à l'usage en théologie musulmane, ceci est une démarche d'extériorité et non d'intériorité. Son travail est du ressort de l'épistémologie. Le théologien classique réfute les arguments adverses et conforte la conscience religieuse, tandis que Soroush, lui, garde une neutralité. Il ne se prononce pas sur la véracité de ce qui est dit et constate l'existence d'une lecture plurielle. Dans le cas du Coran, n'étant pas l'interlocuteur direct de la Révélation divine, il pense que la modestie s'impose. Toute interprétation est faillible, nous explique-t-il :

> *« Nous, être humains, nous sommes maintenant expulsés du paradis et privés de Révélation. Nous sommes impies et sans énergie. Notre vie est gâchée par Satan et notre compréhension est faillible. Parler et agir comme les Prophètes ne sont pas faits pour nous. Dans la mesure de notre raison limitée, nous captons un léger parfum de la vérité et agissons conformément à elle. Nous sommes des "interprètes de la religion" et non les initiateurs de la religion[79]. »*

Lorsqu'il publie ses articles, deux réactions se dégagent : d'abord, quelques intellectuels religieux approuvent ces écrits et y trouvent une justification pour critiquer les tenants du pouvoir politique. Mais, une partie du clergé iranien réagit vite et montre comment cette théorie de l'évolution du savoir religieux pourrait conduire à la désacralisation de la religion[80]. La version classique traditionnelle perçoit le message de Mahomet comme un invariant, légitimement interprété par les savants. Avec la

........................

79- Soroush A., *« Ghabz va baste theorique shariat »* (Contraction et dilatation théorique de *charia*), *op.cit.*, p. 10.

80- Ghafari H., *« Naghdé nazarieh shariaté samet »* (La critique de la théorie de la *charia* muette), Téhéran, éd., Sadra.

Révolution plusieurs savants religieux sont amenés à interpréter le texte et à se servir de l'Islam pour justifier un pouvoir politique.

Pour situer l'apport de l'auteur, trois thèmes sont retenus qui se recoupent : l'idée que toute connaissance de la religion est profane ; que la religion et sa compréhension sont deux phénomènes distincts ; que la science influence notre compréhension du monde.

### La désacralisation du savoir religieux

Le clergé se présente comme détenteur légitime de la lecture et de l'interprétation de la religion. Toute tentative pour critiquer et remettre en cause l'interprétation du clergé est considérée comme une remise en cause du texte sacré et de la religion. Soroush, en introduisant une distinction entre le texte sacré et son interprétation, ouvre une voie permettant une remise en cause de la production du clergé sans remettre en cause le caractère sacré du texte et de la religion.

On comprend alors ce qui oppose Soroush et ses adversaires. Leur désaccord porte sur la limite entre le sacré et ce qui ne l'est pas. Soroush veut séculariser au maximum. Il désacralise toute lecture du texte : il ne dénie pas la valeur d'une interprétation, mais la diversité de ces interprétations mesure la distance qui sépare les approches humaines de la réalité sacrée. Si le Coran est unique, ses multiples exégèses, commentaires et interprétation rendent la religion multiple. L'histoire de l'Islam montre comment s'effectue une série de lectures qui vont des visions mystiques détachées de toute visée politique aux conceptions les plus politiques. Soroush reconnaît la pluralité de lectures du texte coranique. Rendre sacrée une interprétation particulière du texte, fût-elle celle d'un clerc, est inadmissible. Aucune lecture du Coran n'est sacrée, aucune n'est infaillible.

La position de Soroush affirme et respecte la distance entre le sacré et le profane. Toutefois, elle place dans la catégorie du profane, le laïc, certes, mais aussi le clerc qui cesse d'être une autorité sacrale. Classiquement, les théologiens musulmans défendent la thèse opposée à celle de Soroush : les écrits de la tradition, même postérieurs au Prophète, sont sacrés. Pour Soroush, la sacralité ne concerne que le Coran et une partie de la tradition prophétique. Toute production postérieure est l'objet potentiel de la critique scientifique. Soroush considère, dans la mesure où la révélation a pris fin à la mort du Prophète, qu'aucun théologien ne peut prétendre que ses propres idées sont sacrées. Issues de l'effort humain, elles sont réductibles à l'humain. Aucun caractère sacré ne peut, sans forfaiture, être attribué au travail des savants religieux.

**Distinction entre la religion et sa compréhension**

Différencier le texte et sa lecture, conduit donc à distinguer l'objet sacré et la religion, telle que chacun la comprend. D'un côté, un livre, un Prophète ; de l'autre, notre vision de ce livre, du Prophète : cette compréhension est affaire humaine. Les deux registres ont chacun leurs lois. Cette position fait l'objet de contestations et de résistances importantes, voire d'hostilité, et certains accusent Soroush d'annihiler le sens du sacré de l'Islam. Tout ce qui a été construit au fil du temps est récusé.

Soroush est influencé par la philosophie herméneutique et les courants qui distinguent le texte produit du texte perçu. Les sciences humaines, la linguistique, la psychologie, ont-elles aussi réévalué la distance qui sépare le texte original chargé des intentions de l'auteur de ce que l'on appelle la réception: le contexte d'émergence, la situation du lecteur, le filtre ou le prisme déformant de l'expérience et de la personnalité ou du moment, infléchissent la lecture. Décontextualiser le texte devient artificiel, car le texte, même s'il ouvre à des sens multiples, est le fruit d'un moment de l'histoire. Cette multiplicité conduit l'auteur à soutenir le pluralisme religieux comme démarche normale, naturelle, inscrite au cœur même de l'Islam. Cela ne veut pas dire, contrairement à l'opinion de certains détracteurs, qu'on puisse alors faire dire au texte n'importe quoi. Soroush, qui refuse « l'anarchie dans l'interprétation » est sur ce point explicite.

> *« Je ne dis pas que tout le monde a le droit d'interpréter le Coran selon ses caprices. Tout ce que je dis c'est qu'il n'y a aucune interprétation officielle. Il devrait toujours y avoir pluralité d'interprétation. Ce n'est pas une bonne idée de forcer la communauté religieuse à s'abandonner à une interprétation particulière. »*[81]

Il ne s'agit pas de nier l'influence dominante de tel ou tel paradigme dans une période donnée de l'histoire, mais de remettre en cause l'idée qui présente ce paradigme dominant comme la seule interprétation de l'Islam. Sa critique est ouvertement dirigée contre toute institution qui annihile la liberté du croyant. Ainsi, la séparation du sacré et du profane, avec lui, crée un espace de liberté, et sa théorie défend cet espace contre le clerc. S'il refuse une version officielle prétendant détenir la vérité, il accepte néanmoins l'existence d'une version dominante. Elle n'a aucun caractère sacré, peut faire l'objet de critique et de réfutation, et ainsi peut être dépassée.

### La science influence notre compréhension religieuse « du monde »

La vision du monde produite par les sciences et les techniques infléchit la pensée religieuse. Pour lui, les découvertes scientifiques permettent une nouvelle compréhension du texte sacré : le Coran, en soi, est muet (*samet*) et c'est nous qui, à travers nos connaissances et notre expérience, le faisons parler. C'est ce travail d'interprétation qui permet d'entrer en relation avec le texte et le « faire » parler :

81- Entretien disponible sur le site « études musulmanes ».

> *« Nous sommes toujours plongés dans un océan d'interprétation. Le texte ne vous parle pas. Vous devez le faire parler en lui posant des questions. Supposer que vous soyez en présence d'un savant, mais que vous ne lui posiez aucune question. Il restera silencieux. Vous n'allez évidemment tirer aucun profit de lavoir rencontré. Si vous lui posez des questions, vous tirerez de lui un certain savoir en rapport avec le niveau de vos questions. La révélation ne nous révèle pas ses secrets en nous parlant directement. Nous devons nous mettre en recherche de ses secrets et des bijoux qui y sont cachés. Tout ce que nous recevons et obtenons de la religion est interprétation. »*[82]

Cette notion du « Coran muet » suppose que la possibilité de le faire parler ne reste plus le monopole du clergé et doit permettre à chacun, à condition de respecter les règles du jeu, d'entrer en relation avec le texte et de le comprendre. Le développement des sciences et la prise en compte de leur évolution jouent un rôle important dans notre compréhension du texte. Le paradigme dominant du savoir d'une époque influence, de fait, la pensée religieuse. Il suffit de voir, en matière de religion, la pression exercée par les sciences de la nature (dans les années 1950), par les sciences humaines et le marxisme (des années 1960-1970), par la philosophie politique moderne et par les thématiques de la démocratie et des droits de l'homme (des années 1980). Cette évolution correspond, de fait, au paradigme dominant des sociétés occidentales à un moment donné. Il rejette donc ceux qui défendent l'idée de vérité inamovible dans la religion et qui ne sont pas conscients de l'histoire de l'Islam, ni même, de celle des autres religions.

## Pluralisme culturel

Après avoir critiqué la version officielle de l'Islam, Soroush oriente ses recherches sur ce qu'l'on pourrait appeler l'expérience religieuse. Il tente de décrire les différentes formes d'Islam que

82- *Idem.*

l'histoire a connues : l'Islam pour lui, n'est pas une donnée révélée pour l'éternité, mais il est ce que les musulmans ont compris, selon les époques et les endroits. Soroush ne met pas en cause le sacré, mais reconnaît l'évolution et les transformations que cette religion a connues. Parler de « l'Islam » ou de la « société Islamique » occulte, selon lui, la pluralité des sociétés Islamiques, des interprétations et des transformations opérées au sein des sociétés humaines.

Si l'Islam n'est pas réductible à une substance, cela ne veut aucunement dire qu'il n'y a pas d'expérience de l'Islam. Il serait erroné de réduire l'Islam à un texte figé. Ce serait oublier l'histoire de cette religion, et l'usage que les musulmans en ont fait, dans des contextes différents. L'Islam devient une efflorescence :

> *« L'Islam n'est pas un livre ou un ensemble de dits, mais un mouvement historique et une histoire incarnée autour d'une mission. L'Islam est le résultat d'une expansion d'une expérience graduelle et progressive du Prophète. »*[83]

C'est dans cette perspective historique que Soroush s'intéresse à la différence entre chiisme et sunnisme. Il affirme qu'on ne peut connaître, de l'extérieur, la tendance la plus conforme à l'esprit de l'Islam.

> *« Ni le chiisme ni le sunnisme, ni l'acharisme pas plus que le mutazilisme ne sont l'Islam pur et authentique, même si les adeptes de chaque tendance prennent leur religion ou leur doctrine pour vraie. »*[84]

Soroush oppose ainsi un Islam fondé sur le droit canon (*Islamé féghhi*), à un Islam fondé sur une recherche individuelle (*éslamé tahghighi*). Il ne s'agit pas de dire qu'il y a plusieurs Islams,

83- Soroush A., *« Basté tajrobé nabavi »* (L'expansion de l'expérience du Prophète), Téhéran, éd., Sérat, 1999, p. 19.

84- Soroush A., (« *Sératha mostaghim* «(Les chemins directs), Téhéran, éd., Sérat, 1998, p. 37.

mais qu'il y a plusieurs façons de le comprendre. La pluralité d'interprétations prouve qu'il est possible de vivre sa religion d'une façon différente de celle prônée par le pouvoir clérical. Il place ainsi, face à face, une conception essentialiste et une conception contingente (*arazi*), en forme d'aventure personnelle. Enfin, il distingue une conception maximaliste qui croit que la religion a réponse à tout et une conception minimaliste, qui n'impose que le minimum, laissant le reste à la liberté de chacun.

Toutes ces distinctions relativisent l'Islam totalitaire qui prétend apporter, à toute question de société, la bonne réponse. La conviction de Soroush est que la religion se doit de ne comporter qu'un minimum indispensable de croyances et de contraintes, pour permettre à chacun de trouver ses orientations et sa liberté. Pour lui, l'Islam n'est pas venu régler l'organisation politique, sociale et culturelle de l'humanité, pas plus qu'il n'est venu résoudre ceux de l'époque du Prophète.

Pour orienter le regard, et mettre en valeur la diversité, il propose alors, dans plusieurs textes, une typologie qui distingue trois Islams chiites, chacun ayant sa religiosité et ses expressions religieuses propres.

- L'Islam séculier fonde une religiosité du salut dans le monde.
- L'Islam savant, Islam théologique, Islam intellectuel tente de comprendre la mission prophétique. Sa démarche, rationnelle, est une compréhension particulière de la religion.
- Il existe ce qu'il appelle « l'expérience religieuse », forme personnelle et individualisée, puisque chacun a son expérience. Cela donnerait la tentation de la qualifier de spirituelle.

**L'Islam séculier (*éslamé maishat indish*)**

L'Islam séculier donne tout son poids à l'organisation du monde où s'inscrit notre vie. La religion peut intervenir dans la gestion des affaires humaines, apporter des réponses pertinentes sur le rapport entre le croyant et le politique. Cette religiosité prône que l'Islam donne des réponses. S'y référer et comprendre son message suffirait pour se sentir autonome en tout domaine. Cette religiosité prend trois formes :

La première s'exprime dans les pratiques rituelles et cultuelles ; c'est la religiosité populaire. Sa référence principale est le clergé, chargé de mettre à la disposition du croyant le code du comportement qui convient.

La seconde forme, plus sophistiquée, est une tentation cléricale : prendre possession de la vie quotidienne des croyants et de leur vie politique. C'est la thèse développée dans le fameux livre de Khomeiny qui décline ce que le musulman doit faire pour appliquer les lois religieuses. La justification d'un État religieux provient de cette idée-force, systématique et déductive. Tout alors se résume ainsi : « devant toute situation, appliquer le précepte religieux qui convient ». À ce type de religiosité correspond une vision mythologique de l'histoire de l'Islam. Tous les héros de la religion sont couverts d'un mystère impénétrable.

La troisième forme de la religiosité séculière : la forme intellectuelle. C'est celle des religiosités idéologiques et militantes des moudjahiddines, ou de Shariati. Cette relecture révolutionnaire de l'Islam est rationnelle et rompt avec les conceptions mythologiques de l'Islam. Selon elle, le Prophète, sa vie, la révélation, sont des phénomènes qui pourraient obéir à une étude scientifique et objective. Dans cette perspective, la révolte de Hossein et le drame de Kerbela ne se présentent pas comme un événement mystérieux dont seul Dieu ou les imams connaîtraient les secrets. C'est un événement qui obéit à une logique de lutte politique, et on pourrait expliquer le comportement de Hossein comme celui de n'importe quel chef de guerre.

### L'Islam théologique (*éslamé maréfat indish*)

La deuxième forme d'Islam serait l'Islam théologique, philosophique ou même savant. Il s'agirait alors de parvenir à des certitudes fondées sur la recherche et l'étude. Cette conception élitiste et rationnelle s'oppose à la religiosité populaire et à la vision cléricale. Il ne s'agit pas d'accepter ou d'obéir, mais de vivre une appartenance raisonnée ou raisonnable. Le Prophète n'est plus hors de portée, mais il est un maître qui montre le chemin de la vérité, et invite à user de la raison pour mieux s'y orienter.

### L'Islam mystique : l'expérience religieuse *(éslamé tajrobat indish)*

Cette troisième forme est en vogue dans le contexte post-islamiste. Elle ne se réduit pas à une pure expérience religieuse, mais restreint au maximum l'intervention religieuse externe. La religion n'est pas une machine à répondre aux interrogations de l'humanité. Ici l'Islam impose peu d'obligations. Cette vision est « minimaliste ». Elle ouvre le champ aux libertés de l'homme et à sa responsabilité. Cette religiosité relève de l'expérience individuelle :

> *« Tout est ici individuel : ma religion, mon expérience, mon amour, mon éthique. Ce qui me donne la joie c'est mon rapport intime avec le Prophète.*[85] *»*

Influencée par les auteurs mystiques et particulièrement par Roumi, cette conception qui a les faveurs de Soroush, prône une religiosité fondée sur l'amour de Dieu. Cette relation intime de l'expérience individuelle sera développée dans « *Expansion de*

.........................

85- Pour cette citation et la typologie proposée par Soroush voir, Soroush, A., *« Akhlaghé khodayan »* (*L'éthique des Dieux*), Téhéran, éd., Tarhé now, 2001, chapitre 6 « Asnafe dinvaezi » (*Les différentes formes de religiosité*).

*l'expérience prophétique* ». La vision cléricale rétrécit et appauvrit la religion ; l'expansion de l'expérience prophétique enrichit et élargit la vision. La mort du Prophète permet de se servir de lui comme d'un modèle et donne la possibilité de renouveler ses expériences. Il ne s'agit pas de devenir Prophète, mais de vivre une religiosité proche de son expérience.

## La problématique de l'identité ou la triple appartenance

Le rapport que le monde musulman et la philosophie Islamique doivent entretenir avec l'Occident est central chez Soroush. Il analyse son concept d'Occident, puis dégage sa théorie de la « triple appartenance » qui alimentera largement les débats iraniens. Un article, « les Occidentaux, les charmes et les indécences de leur tempérament et de leur comportement »[86] pose la nécessité de fonder une discipline scientifique, dont l'objet serait l'étude de cette civilisation.

Il critique ceux qui rejettent l'Occident dans sa totalité et leur reproche de voir « l'Occident comme une totalité indivisible, comme une incarnation d'un esprit ou d'une essence se cristallisant dans la technique ». Il incite à séparer, à décomposer, à être sélectif, ceci afin de comprendre le tout, mais de pouvoir s'approprier certaines parts choisies. *L'occidentalite*, maladie de l'Occident, montrerait un malade, fasciné, halluciné, se préparant mentalement à être vaincu. L'abandon de Dieu, l'absence de religion, la sécularisation généralisée le rendent sceptique sur l'avenir de cette civilisation.

Soroush invite à connaître l'Occident pour entrer en dialogue avec lui. Il est favorable à ce qu'on mette en place une discipline qu'on appellera : « occidentalisme », encore embryonnaire, et qui devrait permettre de repenser le rapport à l'autre.

Cette réflexion lui sert de point de départ pour s'aventurer dans la modernité et la naissance d'un nouveau monde. Certaines

.........................

86- Soroush A., *« Tafaroj son »*(Excursion dans la création). 2001, p. 228.

de ses publications sélectionnent les traits qui l'intéressent dans la modernité : le rationalisme, les droits humains, la modernisation des institutions et la réforme de la pensée religieuse. Il s'élève contre ceux qui pensent que le développement de la rationalité et la modernisation du système politique aboutiront à la destruction de l'Iran et par voie de conséquence de l'Islam. Il regrette que les approches scientifiques, philosophiques et théologiques sur l'Islam soient plus développées en Occident qu'en pays musulmans. Il réclame une politique fondée sur les droits humains et sur la démocratie. Aussi sensible que Shayegan à la différence entre l'ancien et le nouveau monde, entre la tradition et la modernité, entre la pensée mythique et la pensée rationnelle, entre la société moderne et la société traditionnelle, entre l'Occident moderne et l'Orient religieux, il ne préconise pourtant pas l'abandon de la religion, ni l'adhésion pure et simple à la modernité.

Soroush a joué un grand rôle dans la dédiabolisation (et peut-être même dans l'idéalisation) de l'Occident. L'ensemble de ses réflexions et investigations sur l'Occident et sa modernité sous-jacente amène naturellement, avec l'interrogation sur soi, à une interrogation sur les éléments constitutifs de l'identité. Cette question hante les intellectuels depuis un peu plus d'un siècle. Jalal Al-é Ahmad avait une notion crispée de l'identité et très marquée par la haine du colonialisme. Shayegan évoquait une identité de nomade. Soroush, lui, s'est intéressé à analyser l'identité culturelle, qu'il voit comme la synthèse ou comme l'équilibre entre trois éléments et assume alors un triple héritage : national, occidental et islamique[87].

**La culture nationale** qui comprend littérature, poésie, langue persane, est constitutive de l'identité iranienne. L'Iran, tout en épousant la religion musulmane, a gardé ses traits propres,

........................

87-Mottaghi M., « La question de l'Occident dans les débats intellectuels en Iran », revue *EurOrient*, n° 31- Année, 2011, p. 124-145.

sa langue et tout iranien instruit, à travers elle peut fouiller son histoire et y retrouver inscrit son héritage. Cependant, pour lui, cet héritage n'est pas exclusif de deux autres.

**La culture occidentale** est aussi un héritage. Comme presque tout le monde, il situe la rencontre avec cette culture lors de la révolution constitutionnelle. La pénétration des idées modernes dans la vie des iraniens n'a pas eu un écho très positif dans les milieux intellectuels de l'Iran. L'identification entre valeurs modernes et despotisme Pahlavi a conduit à un rejet de l'Occident. Soroush replace ce rejet (l'*occidentalite*) dans son contexte historique. La culture occidentale est aujourd'hui, selon lui, présente dans toute notre vie quotidienne. Les slogans de la révolution française, l'intérêt pour la démocratie et les régimes modernes résultent de l'introduction réelle des idées modernes en Iran. Dans d'autres secteurs de la vie, cette présence de l'Occident est encore plus visible. L'héritage de l'Occident fait donc partie de la vie. Il n'y a pas à le renier.

**La culture islamique**. Depuis l'arrivée de l'Islam, l'Iran est resté attaché à cette religion dont l'impact est facilement vérifiable. L'influence de l'Islam s'observe, remarque l'auteur, dans des domaines aussi divers que l'architecture, l'art, l'éducation, etc.

En s'appuyant sur ce triple héritage, en opérant une synthèse de ces trois éléments, on peut approcher dans sa diversité, l'identité culturelle iranienne. « Aucune des trois composantes de cet héritage ne serait promue aux dépens des deux autres, aucune ne saurait être défendue de manière absolue. Chacune présente en vérité des aspects auxquels il faut savoir renoncer ; chacune exige de se renouveler ».

Aucune de ces composantes ne peut donc être érigée en vérité absolue ; toutes doivent évoluer. Privilégiant l'héritage national tendrait vers le chauvinisme. À privilégier la culture occidentale, le patrimoine religieux faiblirait ; à trop insister sur la composante religieuse, l'héritage national et la modernité s'étioleraient. C'est dans cette vision pluraliste et dans cette démarche qu'on pourrait qualifier d'intégrative, qu'il devient possible de s'ouvrir à l'autre. Lui-même sur ce point a un comportement assez emblématique, car il incarne, dans son œuvre, ces trois dimensions. Ses livres et son parcours laissent facilement repérer l'importance de ces trois éléments dans la construction de son œuvre : sa connaissance de la littérature persane et son style ont fait de lui, dans cette langue, un auteur très lu, y compris dans des milieux non religieux ; sa connaissance de la tradition religieuse, sa familiarité avec les textes religieux, sa fréquentation des grands mystiques islamiques, sa connaissance de la tradition philosophique de l'Occident et l'intérêt qu'il porte aux nouvelles démarches philosophiques sont des formes de présence au monde. Tous ces éléments ont facilité la diffusion de ses idées dans les cercles religieux ou ailleurs. C'est ainsi qu'il devient une figure incontournable dans les débats sur l'Occident, comme sur d'autres thèmes.

Il est à souligner que son intérêt pour la connaissance de la modernité et de l'Occident n'en fait aucunement un homme qui tient à se mettre à la traîne de l'Occident. Il rejette le fait de trop s'y intéresser, préférant voir les Iraniens se placer devant le choix crucial qui les concerne, plutôt que de s'apitoyer sur l'avenir de l'Occident :

> *« Il ne faudrait pas s'agenouiller et se prosterner devant les Occidentaux. Analyser et s'alimenter sont deux arts et techniques des occidentalistes intelligents. Nous pouvons graver sur la matière de l'histoire d'aujourd'hui l'image de demain. »*[88]

Tout l'intérêt de la pensée de l'auteur réside dans sa volonté de penser et de repenser le rapport de l'Iran à l'Occident, hors des diabolisations ou des comportements de suivisme.

........................

88- Soroush A., *op.cit.*, p. 240-242.

Quelques lignes de l'auteur résument assez bien sa vision :

> *« Premièrement, nous sommes héritiers de trois cultures. Les réformateurs qui veulent servir le pays ne doivent pas partir de cette idée que tout ce qui n'a pas été cultivé chez nous nous est étranger ou même hostile. Cette idée est destructrice.*
>
> *Deuxièmement, la priorité ne doit être donnée à aucune de ces trois composantes.*
>
> *Troisièmement, dire que quelque chose nous appartient ne signifie pas une appartenance à notre pays, mais signifie que nous l'acceptons, car c'est juste.*
>
> *Quatrièmement dans chaque culture, il y a des éléments qu'on ne doit pas garder et il faut les abandonner. Il en est comme d'autres éléments d'une culture, qu'il est nécessaire de se concilier.*
>
> *Cinquièmement, l'intérêt porté à ces cultures est un effort et une tentative pour ouvrir une fenêtre vers elles et les faire se rencontrer . »*[89]

## La démocratie et la religion

Les intellectuels religieux qui avaient soutenu la République islamique se sont réveillés de leur léthargie devant le dogmatisme religieux, et se sont engagés dans un travail d'élucidation autour des thématiques démocratiques. Leur travail théorique s'est alors orienté vers l'élaboration de philosophies politiques d'inspiration démocratique. La vision révolutionnaire s'estompant, ils ont épousé une nouvelle vision de l'Islam, qui distingue nettement ce qui relève du politique, et ce qui relève du religieux. Parmi eux, certains dont Soroush, rejettent l'imbrication des domaines, militent pour une ouverture de l'espace public et soutiennent un Islam compatible avec les visées démocratiques. Il est l'un des premiers à avoir défendu les valeurs démocratiques. Son intérêt pour la démocratie est le résultat d'une critique du marxisme

.........................

89- Soroush A., *Op.cit.* p. 185.

considéré comme une forme achevée du totalitarisme du 20e siècle. La démocratie devient pour lui la seule forme acceptable de gestion de l'espace public.

Sa relecture critique de la tradition islamique et sa défense du libéralisme, doivent être placés au seuil de ses réflexions sur la démocratie. Ces deux éléments, libéralisme et critique de la tradition sont donc indispensables pour saisir sa défense d'un système démocratique compatible avec l'Islam et ses valeurs. À présent, sa préoccupation est d'envisager les conséquences de la fondation d'un État démocratique, dans une société à majorité musulmane.

Pour un intellectuel religieux comme Soroush, il ne suffit pas de défendre le libéralisme et de soutenir un système politique fondé sur la liberté humaine et le libre choix des citoyens. Il faut aussi repenser la place de la religion musulmane dans ce système. Autrement dit, le lien entre système démocratique et croyances religieuses doit être repensé : quelle position doit adopter l'État face à la religion ? La religion peut-elle admettre un pouvoir politique sans qu'aucun privilège ne soit accordé à l'Islam ? Comment justifier la neutralité de l'État vis-à-vis de l'exercice des rites et pratique religieuse ? Ces questions sont au cœur de ses travaux et il relance un débat sur la laïcité et la sécularisation qui n'est pas propre aux sociétés musulmanes.

Évoquer le lien entre religion et démocratie conduit à d'autres questions : peut-on clarifier le lien entre religion (*dîne*), monde séculier (*donya*) et État (*dolat*) ? Attentif à la pluralité dans le débat religieux, Soroush s'interroge à partir de questions simples destinées à caractériser la relation de l'homme à sa religion : qu'attendons-nous de la religion ? À quoi répond-elle ? Doit-elle répondre à nos besoins matériels ? À nos interrogations métaphysiques ? À nos angoisses existentielles ? À nos crises d'identité ? à nos peurs ? Est-elle le résultat de notre ignorance ? Il évoque alors la multiplicité des attitudes possibles, celle des athées, celle des dogmatiques ou idéologues qui confondent l'État, la société et la religion, celle des mystiques qui n'attendent rien du monde[90]. On voit ici comment l'auteur applique son principe de « texte muet ». Ce n'est pas le texte qui va nous dire quel type de système politique il faudrait mettre en place, mais c'est la manière dont on interroge le texte qui sera déterminant sur la forme que le régime politique prendra. Autrement dit, les présupposés de celui qui interroge le texte seront décisifs sur le résultat.

Dans un article reprenant deux conférences faites à *l'Institut de l'Orientalisme* de Hambourg, il met en lumière sa vision d'un régime démocratique qui serait compatible avec sa vision de l'Islam. Cet article a provoqué d'importants débats dans les milieux religieux iraniens. Il est important de le situer, et de s'ouvrir aux critiques qui lui furent adressées.

En matière de gouvernement, Soroush part de deux questions : qui doit gouverner ? Comment le pouvoir s'exerce-t-il ? Il reprend ici à son compte la théorie de Popper sur l'État moderne et sur la critique du totalitarisme.

On pourrait présenter la pensée de l'auteur sous forme de propositions :

- Tout gouvernement a un double visage : fondé sur des valeurs, il est normatif ; organisationnel et gestionnaire, il relève aussi de la rationalité et des sciences.

- L'exercice du pouvoir, dans ses modalités, relève de la science et de la technique et n'a rien de religieux. La question : « qui doit gouverner ? » relève de la modalité du pouvoir. À ce titre, l'exercice du pouvoir appartient à la science et à la rationalité.

- Un gouvernement fondé sur l'Islam n'est possible que dans un pays à majorité musulmane. Bien que nécessaire, cette condition

........................

90- Soroush A., « Idéologie va din secular » (Idéologie et la religion séculière), in *« Modara va modiriat »*, 1997, p. 181.

ne suffit pas, car le gouvernement se fonde sur le droit des citoyens, et celui-ci n'est pas religieux.

- Le droit musulman, en tant que science séculière, peut participer aux réflexions sur l'organisation de la société. Il ne peut cependant pas se présenter comme seule source du droit. Ajoutons que ce droit ne peut en rien se prévaloir d'un caractère sacré.

- Tout gouvernement, pour répondre aux besoins de l'homme, doit certes répondre à des nécessités matérielles, mais aussi créer les conditions favorables à l'exercice de la foi. L'une des conséquences est que le gouvernement religieux doit améliorer le monde existant.

Dès lors, un gouvernement démocratique religieux doit pouvoir utiliser tous les moyens permettant le développement du pays, et ne doit pas intervenir dans le domaine de la croyance et de la conviction. Il doit garder sa neutralité, et ne peut pas forcer les citoyens à adhérer à une religion, ni contraindre les croyants pour les conduire au paradis. Le gouvernement religieux est fondé sur le seul droit, non religieux, des citoyens. Tout au plus peut-il favoriser et rendre possible des pratiques.[91]

Cette théorie du gouvernement démocratique religieux a fait l'objet de critiques, ce qui conduit l'auteur à préciser certains de ses points de vue. Dans un article précisément intitulé « *l'analyse du concept du gouvernement religieux* », il justifie alors sa référence à la religion, et son attachement aux valeurs fondamentales démocratiques que sont les droits de l'homme, le pluralisme. Il insiste sur la nécessité de poser cette question en termes de philosophie politique. Aucune théorie de gouvernement religieux directement inspirée de l'Islam et fondée sur sa religion en terme du droit canon, ne peut accepter les droits humains et ni reconnaître le principe du pluralisme. Pourquoi alors, d'après

91- Soroush A., « *Modara va modiriat* » (Tolérance et gestion), *op.cit.,* 1997, p. 376-380.

l'auteur, évoquer la religion dans l'intitulé d'un régime ? La réponse dépend de l'impact de la religion sur la société iranienne. Cette société, en effet, trouverait anti-démocratique l'instauration d'un gouvernement qui n'aurait pas le souci du respect des grands principes religieux. Si la démocratie doit correspondre à une forme du pouvoir acceptée par la majorité, toujours selon l'auteur, la démocratie ne peut être indifférente, en Iran, aux croyances religieuses. Autre aspect de ce gouvernement démocratique religieux : il s'attache à favoriser les conditions du libre exercice de la foi. Autrement dit, tout gouvernement doit servir le peuple, mais aussi les croyants. L'auteur finit par conclure que :

> *« Il ne faut pas attendre de grande différence de forme entre le gouvernement démocratique religieux et les autres formes de gouvernement démocratique. Si, dans le monde des hommes raisonnables, on marche sur ses deux pieds, il n'est pas possible aux religieux de marcher sur la tête. Où est le problème si les autres peuples arrivent aux mêmes conclusions que nous sur la question du gouvernement ? »*[92]

Peu de différence donc, pour lui, entre un gouvernement religieux et un autre, s'ils sont démocratiques.

> *« La différence fondamentale entre gouvernements religieux et non-religieux ne tient pas à leurs formes, mais à leur objectif. Le gouvernement religieux veut consciemment faire prospérer la vie du croyant pour que ce dernier puisse préparer son au-delà. C'est l'objectif du gouvernement religieux. Mais la manière de rendre prospère ce monde sera la même dans les deux types du gouvernement. »*[93]

## Conclusion

L'œuvre de Soroush fait partie du paysage intellectuel iranien et un débat est engagé, avec lui, par les intellectuels non religieux. Sa critique vise le fait de considérer la religion institutionnelle comme

92- Soroush A., « Tahlilé mafhoumé hokoumaté dini », in *« Modara va modiriat »*, Téhéran, éd., Serat, 1997, p. 375.

93- Soroush A., *Idem*, p. 375.

source unique de légitimité du pouvoir politique. Cependant, rien ne l'empêche de développer une éthique en harmonie avec les problématiques ou les valeurs modernes.

Soroush vit aujourd'hui hors de l'Iran et intervient dans le débat public en critiquant l'orientation actuelle du régime. Il lui arrive d'écrire des lettres ouvertes aux responsables politiques du pays, qui rappellent les « conseils aux princes ». Il est difficile de dresser le bilan de l'œuvre de ce « Luther musulman ». Il combat sans relâche l'obscurantisme religieux et les prétentions des hommes à se prétendre possesseurs d'un savoir qui leur donnerait des droits qu'ils n'ont pas. Cette référence libératrice permet de comprendre la force de certains débats publics intellectuels iraniens.

On peut rejoindre ici Filali-Ansary, pour qui la pensée de Soroush court-circuite la tradition par un retour aux intuitions d'origine, fortes dans le mouvement contemporain.

> *« La pensée de Soroush semble remarquable autant par la convergence de ses conclusions avec celles atteintes par nombre de penseurs musulmans contemporains, que par la diversité des sources auxquelles elle s'alimente. Il se pose résolument en adversaire de la tradition savante accumulée au cours de plusieurs siècles de production intellectuelle et voudrait retourner aux sources, à l'inspiration éthique et à la vision dynamique qui ont marqué l'Islam des origines. Toute son entreprise vise à écarter la tradition qui fait du fiqh, de la loi, de l'ordre social le cœur de la religion, pour lui substituer une vision où l'essentiel est tenu pour être une attitude éthique et une conception globale fondées sur des principes universels. Il s'emploie en empruntant des concepts d'inspiration mystique (la foi comme expérience spirituelle), aux conceptions modernes de la science et de la raison, et aux doctrines herméneutiques contemporaines (les conceptions religieuses comme lectures ou interprétation d'un Corpus sacré). »*[94]

94- Filali-Ansary A., *Réformer l'Islam ? Une introduction aux débats contemporains*, Paris, La Découverte, p. 218-219.

# Hasan Yosofi Eshkevâri (1949)
## Héritage de Shariati

DANS la première décennie de la révolution iranienne, la contestation politique semblait s'inscrire dans un mouvement de société. Elle s'inspirait des paradigmes dominants de la pensée de Shariati, notamment une critique cléricale, un anti-impérialisme puissant, et la nécessité de tenir compte, dans la construction identitaire, des valeurs religieuses largement partagées dans la population. Certains acteurs révolutionnaires, proches de ses idées, ont tout d'abord soutenu la révolution, puis ont pris leur distance, en s'inscrivant dans des brèches ouvertes par Shariati. En cela, Shariati est le repère incontournable qui a permis une attaque frontale contre le nouveau régime et son idéologie dominante.

Quelques années après la révolution iranienne, une tendance se réclamant de Shariati, fait son apparition, mais il faut attendre la victoire électorale de Khâtami, pour qu'elle devienne visible sur la scène politique et intellectuelle. Sa nouvelle vision de l'Islam se caractérise par l'ampleur de sa place dans l'espace public. Ses plus jeunes leaders comme R. Alijani, T. Rahmani, H. Saber, M. Pedram, les plus âgés comme Abbas Tavassoli, Hossein Mansourian se sont engagés dans la Révolution. S'élabore, progressivement, un réexamen des rapports de l'Islam et du politique, et une révision approfondie des idées de Shariati et des ambiguïtés qui y étaient attachées.

Ces héritiers, connus sous le nom de nationalistes religieux, marquent leur double engagement. Ils sont attachés aux valeurs nationalistes, ils ont aussi leur conviction religieuse qui veut concilier les valeurs nouvelles et leur vision de l'Islam. Certes, il n'y a pas d'organisation ou de parti politique qui porte cette étiquette, cependant, tout un courant de pensée se réclame de cette double appartenance. Ce courant très hétérogène rassemble des organisations politiques diverses comme « Mouvement des Musulmans Combattants » dont la figure la plus importante est H. Payman, « Mouvement de Libération de l'Iran », l'une des plus anciennes organisations politiques fondée par Bâzargân.

La revue « *Irané-fardé* », (*L'Iran de demain*), exprime cette tendance large, et refuse le clergé traditionnel, politisé, formé d'intellectuels Islamistes timidement convertis au réformisme. Cette revue joue un rôle de relais pour ceux qui tiennent à se démarquer des réformistes proches du régime iranien. Leurs points de vue s'opposent radicalement à l'idéologie dominante conservatrice et cléricale. Les idées directrices de cette revue et son orientation sont peu nombreuses : insistance sur un Islam soucieux de la société musulmane et de la justice sociale, attachement aux ouvertures créées par Shariati. Tout en reconnaissant l'éminente place de la religion dans la société, ils rejettent l'instauration d'un État religieux. En cela, ils s'opposent radicalement à l'héritage de la Révolution, comme le précise bien, cette position de Sahabi :

> *« Il n'y a pas de lien direct entre la religion et l'État. Gouverner signifie gérer l'ensemble d'une société, et en ce sens, cela relève d'une compétence particulière et d'une technique spécifique. »*[95]

Eshkevâri s'engage dans ce projet et insiste sur l'intériorité de la religion :

........................

95- Hadissi R., *« Bardashti az jaryané méli mazhabi »* (Une approche du courant national religieux), site www.mellimazhabi.org.

> *« L'esprit et l'essence de la religion ne sont autres que la purification morale, l'élévation de l'individu, la perfection de l'être humain. Autrement dit, la soumission à la transcendance divine n'a rien à voir avec la vie politique et l'État. Le gouvernement et le pouvoir politique, même s'ils s'en réclament, ne peuvent et ne doivent pas intervenir dans le domaine de la foi des croyants ; et si cela se produit, l'État sort de son domaine spécifique. »*[96]

Ces positions n'empêchent en rien une volonté de fidélité à Shariati, proche des revendications de la société iranienne contemporaine. Cette tendance, pour se faire comprendre, s'identifie aux « sociaux-démocrates » occidentaux, qui se veulent fidèles au socialisme et à la démocratie.

Parmi les héritiers de Shariati, un clerc, Eshkevâri représente typiquement cette tendance. Son engagement intellectuel et politique, ses écrits et ses productions en font le symbole : il veut se démarquer de l'Islam politique et clérical, mais aussi affirmer sa fidélité à une vision sociale de l'Islam. Sa trajectoire le voit d'abord soutenir la Révolution islamique des premières années, puis il développe sa conception du politique, marquée d'une ouverture sociale. Le fait que, clerc lui-même, il critique l'institution cléricale, ajoute à sa crédibilité. Il rejette l'étatisation du clergé. Tout en se réclamant de l'héritage de Shariati, il développe ses propres thématiques.

## Clerc et moderniste

Eshkevâri tient une place importante dans les débats intellectuels de l'Iran post révolutionnaire, en raison de son double engagement : comme clerc, il participe au débat sur des questions théologiques et aux réflexions sur la réforme de l'institution religieuse ; comme intellectuel, engagé politiquement, il aborde l'actualité avec ses compétences de clerc. Ses écrits sont critiqués

........................

96- Hadissi R., *op.cit.*

par la hiérarchie religieuse, comme par les intellectuels religieux proches de Soroush, qui lui reprochent son manque de clarté dans le domaine politique. Comme d'autres clercs réformistes, Eshkevâri veut réformer l'Islam de l'intérieur, en sachant que le conflit entre Islam et modernité occidentale est crucial dans le monde musulman, qui y est confronté depuis une cinquantaine d'années. Pour lui « la destinée des sociétés musulmanes dépend maintenant de l'issue de cette confrontation »[97]. Tout le travail intellectuel d'Eshkevâri suit deux axes : il réévalue la pensée de Shariati, à la lumière de l'expérience de la révolution iranienne et de l'instauration d'une République islamique ; puis, il repense la place de l'Iran et de l'Islam dans un monde bouleversé par la mondialisation et la globalisation.

## Qui est Eshkevâri ?

Il est né en 1949, au nord de l'Iran, d'un père agriculteur et d'une mère au foyer. Après l'école primaire et l'apprentissage du Coran, en 1961, alors qu'il n'avait que douze ans, son père lui conseille de rejoindre l'école religieuse de Rudsâr, pour se former aux sciences religieuses et se préparer à une carrière cléricale. Il y reste quatre ans. Parallèlement à sa formation cléricale, il obtient son certificat d'études élémentaires, en candidat libre. En 1965, il quitte sa région pour Gom où il reste jusqu'à la révolution. Durant cette période, il étudie la littérature, la logique, le droit islamique et sa méthodologie, la philosophie, la théologie *(kalâm)* et l'histoire de l'Islam. En outre, il s'intéresse aux sciences modernes et aux nouvelles écoles de pensée en Iran. Le contexte intellectuel de l'époque nécessite une connaissance du marxisme et il consacre une partie de son temps à l'étude de cette idéologie. Dans les années 1960, il se forme à la pensée Islamique en lisant les travaux

........................

97- Eshkevâri H., « Khérad dar ziafaté din » (La raison au banquet de la religion), Téhéran, éd., Ghassidéh, 2001, p. 61.

des penseurs réformistes. Pour ce jeune clerc imprégné d'études théologiques, cette influence par les intellectuels réformistes et modernistes des années soixante-dix est cruciale mais la rencontre avec la pensée de Shariati le projette dans un nouveau monde :

> *« Dans les années 1970, j'ai traversé une crise intellectuelle. Je ne voulais pas gagner ma vie par la religion. Lorsque je me suis marié, en 1972, j'ai décidé d'aller travailler, mais mon attachement aux idées de Shariati m'a fait renoncer à mon projet. Etant donné la priorité mise sur la conscientisation du peuple, j'ai pensé que l'habit religieux pouvait être un moyen de communication au service de cette cause. Ainsi vêtu, je pouvais être en contact direct avec la société alors qu'un laïc en costume cravate n'y avait pas accès. Je crois profondément au message (resâlat) de Shari'ati qui donne la priorité à l'idéologie sur la culture, autrement dit, la priorité de la conscientisation sur la culture. J'ai saisi toute l'importance de ces idées après la révolution et particulièrement la phrase : « Une révolution avant une prise de conscience est une catastrophe ». J'y adhère pleinement. »* [98]

L'événement marquant de sa jeunesse est la politique de modernisation du Shah. Le monde rural en sera bouleversé, et le Shah tentera d'en profiter pour réduire l'influence des oulémas, jugés trop conservateurs. Il vit aussi la crise de l'institution cléricale, les querelles de succession qui ont servi de prétexte à un renouveau clérical, la contestation aboutissant à des répressions, et l'exil de Khomeiny. Dans ce contexte, Eshkevâri fait son premier pas vers la politique, et prend Khomeiny pour « pôle d'imitation »· Il devient alors un défenseur de ses idées. Au cours de sa vie estudiantine, il suit les activités du centre *Hosseinieh Ershad,* où il prend connaissance des idées d'Ali Shariati. Les conférences de ce dernier le fascinent, et il commence à en diffuser les idées. Avec sa génération, il voit en Shariati une synthèse entre foi, pensée et djihad. Il consacre une bonne partie de ses activités intellectuelles à défendre les positions de Shariati et fonde, après la révolution,

98- Entretien avec l'auteur, 1999.

le *« Bureau de la Propagande des idées de Shariati »* où se regroupent, contre la version officielle, de jeunes intellectuels influencés par Shariati.

Cet attachement à Shariati, et le souci de participation au débat intellectuel en Iran, conduit Eshkevâri à porter un nouveau regard sur Shariati, et à souligner la façon dont ses idées peuvent être interprétées, et renouvelées pour comprendre les nouvelles thématiques qui émergent dans une société marquée par la Révolution islamique.

> *« D'abord les connaissances profondes que j'ai de ses écrits; je connais ses points forts sur toute l'étendue du savoir de ses idées. Ensuite je crois profondément à sa mission (résalat) qui donne la priorité à l'idéologie sur la culture, autrement dit, la priorité de la conscience (prise de conscience ou conscientisation) sur la culture. J'ai pris conscience de l'importance des idées de Shariati surtout après la révolution et j'ai bien compris cette phrase où il dit : « une révolution avant une prise de conscience est une catastrophe ». Et je le sens. »*[99]

Il se marie en 1972, et continue ses activités en compagnie de sa femme, elle aussi très active. En dépit d'un climat très politisé, en raison de la lutte armée dans laquelle s'engagent de nombreuses organisations politiques, il consacre l'essentiel de son temps à lire et à écrire. Arrêté à deux reprises, il est relâché peu après. Il publie durant cette période un certain nombre d'articles, et quatre livres tout à fait en adéquation avec les idées de son temps : *« Les causes des crimes et les solutions », « Les idoles brisées », « La justice dans la vision du monde unitaire », « Un homme dans le désert ».*

Après la victoire de la révolution iranienne, il est chargé par l'entourage de Khomeiny de la direction d'une radio, dans le nord du pays, et, se présente comme candidat lors d'une première élection législative, il est élu député de sa région. Inféodé à aucun

........................

99-Eshkevâri H., *« Shariati, idéologie, stratégie »* (Shariati, idéologie, stratégie), Téhéran, éd., Chappakhsk, 1998, p. 98.

parti politique, il garde son indépendance dans les conflits opposant le Parti de la République islamique aux partisans de Bani-Sadr. Il créé aussi, à l'Assemblée, un groupe de soutien aux thèses de la gauche Islamique. Après son mandat, il s'éloigne de la politique politicienne pour se consacrer à la recherche et la publication. Il enseigne l'histoire de l'Islam et des sciences religieuses durant cinq ans à l'université de Allameh Tabatabaï.

En 1984 il collabore à la Grande encyclopédie de l'Islam (*dâ'erat ol-ma'âref-e bozorg-e islâmî*), où il rédige une cinquantaine d'articles. Puis, en 1989, il rejoint l'équipe de l'Encyclopédie du chiisme (*dâ'rat-ol ma'âref-e tashayyo'*) où il restera huit ans. La même année, il traduit un livre sur la position du chiisme à propos des écoles sunnites.

En 1991, il obtient l'autorisation de lancer une revue, *Iran-e farda,* (*Iran de demain*), dans laquelle il s'investit totalement pendant huit ans. Enfin, il a publié la Revue *Ehyâ'* durant trois ans, de 1987 à 1990.

En 1996, les sympathisants de Shariati fondent le « *Centre de recherches culturelles du docteur Ali Shariati* », qui a deux objectifs : procéder à une relecture de la pensée de Shari'ati, pour remettre ses idées en perspective et mener des recherches novatrices sur la pensée islamique. Eshkevâri a eu un rôle déterminant dans les activités de ce centre, et a assuré la direction de plusieurs séminaires sur des thèmes religieux et politiques. Fermé après son arrestation, le bureau sera rouvert ; il continue alors ses activités de recherche et d'enseignement.

Lors de la victoire de Khâtami, il apporte son soutien au mouvement réformiste, et partage le grand espoir de changement et de transformation de la société iranienne.

Un événement marquant : dans les années 2000, il participe à « la conférence de Berlin », où se retrouvent des acteurs politiques réformistes iraniens. De retour, il est arrêté et incarcéré. Quand on l'interroge sur la raison de son arrestation il répond :

> *« Au mois d'avril de l'année 2000, je suis allé à Berlin pour participer à une conférence autour la question du mouvement réformiste en Iran, incarné alors par Khatami. Nous étions un groupe d'intellectuels de tendances très différentes, mais tous conscients de la nécessité d'apporter notre soutien aux aspirations des Iraniens pour des changements non-violents. J'ai fait une intervention sur la question de la modernité et de la tradition et la vision de l'Islam sur cette question. J'ai mis l'accent sur la nécessité d'une pensée critique pour sortir de la crise dans laquelle nous nous trouvons. À la fin de la conférence, j'ai aussi répondu aux questions posées par la salle. Après cette conférence, j'ai effectué plusieurs voyages dans différents pays et j'ai développé quelques thématiques sur l'évolution de la société iranienne. »*

> *« Lorsque je suis retourné en Iran au mois d'août 2000, j'ai été arrêté à l'aéroport et conduit directement à la prison. J'ai été jugé deux mois après et condamné à sept ans de prison pour avoir soutenu qu'un certain nombre des prescriptions sociales de l'Islam peuvent être changées ou remplacées par d'autres. Une autre accusation étant l'idée selon laquelle le voile ne peut pas être obligatoire et imposé. On m'a aussi reproché de mettre en cause la République islamique et de porter atteinte à la sécurité nationale et manque de respect à l'égard de Khomeiny. J'ai été libéré après avoir purgé quatre ans et demi de ma condamnation. »*

> *« Durant mon incarcération, j'ai essayé de transformer cette douloureuse expérience en quelque chose de positif. J'ai commencé à lire et à écrire. Ces années se soldent par la publication de deux livres et d'une traduction. Le projet que je mène actuellement sur l'histoire de l'Iran et de l'Islam est le résultat de mes réflexions durant ces années de prison. »*[100]

Eshkevâri est un homme de revue, et la plupart de ses livres reprennent ses articles ou ses conférences. Son projet intellectuel le met face aux différentes tendances intellectuelles et politiques en Iran post-révolutionnaire.

.........................

100- Entretien avec l'auteur, 1999.

Face aux tenants du pouvoir politique, et aux gardiens de la tradition islamique qui refusent toute réforme, il adopte une attitude compréhensive, et critique la référence à une tradition pure et dure. Mettre l'Islam en phase avec la société contemporaine est un impératif.

Face aux modernistes et aux défenseurs inconditionnels d'une modernité importée, il met en évidence la difficulté d'une telle transplantation et milite pour une modernité qui intégrerait la tradition, sans pour autant être un pur et simple retour à cette tradition.

## Modernité et religion

Comme beaucoup d'intellectuels de sa génération, il lie réforme de la pensée religieuse et modernité. Défenseur inconditionnel de la pensée de Shariati, la première décennie de la révolution iranienne le confronte à la critique la plus élaborée contre son maître, accusé de transformer la religion en idéologie. C'est Soroush qui prend pour cible Shariati, comme représentatif de cette volonté d'idéologisation de l'Islam. Eshkevâri, revenant sur l'idéologie chez Shariati, veut clarifier le sujet. Son recueil de textes intitulé « Shariati, idéologie et stratégie », peut se lire comme une réponse aux critiques de Soroush. Il l'écrit au moment où la revue *Kian*, et particulièrement Soroush, attaque sévèrement les idées de Shariati. Lui se défend en replaçant Shariati dans le contexte historique : Pour lui, la transformation de l'Islam en idéologie n'avait pas pour but de transformer la religion en idéologie, mais d'en élargir son champ. Il s'agissait, plutôt, de donner une place à la religion musulmane pour intervenir dans les débats publics. Il rejette l'idée selon laquelle le projet de Shariati serait l'idéologisation de la religion, cette position résultant d'un manque de connaissance des écrits de Shariati et conduisant à un jugement erroné sur celui-ci. Il explique ainsi son point de vue :

> *« Le fait est que les critiques de l'idéologie s'appuient sur une définition et l'attribuent à Shariati. Leur définition est la définition marxienne de la fausse conscience. Alors que dans l'optique de Shariati l'idéologie est un ensemble de pensées homogènes orienté vers l'action. Cet ensemble est doté des idéaux et répond à l'éternelle question de l'homme : que faut-il faire ? Ce ne sont pas des dogmes. Shariati définit l'idéologie comme la continuation de l'instinct. On a affaire à différents types d'idéologie. On constate aujourd'hui que certains libéraux, critiquant l'approche idéologique se réclament en même temps de l'idéologie. Bergson parlait de la religion fermée et ouverte. En se référant aux œuvres de Shariati on peut parler d'une idéologie ouverte. Dans son livre intitulé la « Prière » Shariati dit : « Mon Dieu ! Fais que je ne juge pas quelqu'un ou une pensée avant de le connaître complètement et correctement » ou encore « Mon Dieu ! Allume le feu sacré du doute en moi pour qu'il brûle toutes mes certitudes… », ou encore « les intellectuels doivent toujours revoir leurs idées… « . Je ne vois pas comment dans ce cas on peut traiter cette pensée de l'idéologie dans le sens péjoratif et dogmatique du terme. »*[101]

En se référant à plusieurs textes de Shariati, il montre que le projet de celui-ci était de moderniser la pensée religieuse, ce qui devait aboutir à une sorte de protestantisme religieux. Clerc lui même, il soutient, malgré tout, cette idée d'un protestantisme religieux. Pour lui, la société iranienne marquée par la religion, fait que tout changement, et toute transformation ne peuvent négliger cet aspect profondément ancré que sont le lien social et le lien religieux. Tout projet politique, et toute tentative de réforme doivent intégrer ces éléments. L'opposition entre l'Islam-culture et l'Islam-idéologie, chère à Shariati, a provoqué des craintes chez les nouveaux intellectuels religieux : le risque de mépris pour les recherches religieuses et l'excès d'intérêt pour le militantisme islamique. Shariati, dans plusieurs de ses textes, opposait deux figures paradigmatiques : celle du Prophète (et surtout d'Abouzar), soucieuse de l'avenir de la société musulmane et de l'humanité,

........................

101- Entretien accordé à Sara Mazinani, décembre 2003, non publié.

et celle du philosophe (incarné par Avicenne) peu soucieuse des questions concrètes des sociétés humaines. En opposant ces deux figures idéal typique, il soutenait inconditionnellement l'Islam incarné par le Prophète et Abouzar, son compagnon, pour critiquer fortement l'Islam-culturel, qui se contente d'élaborer des constructions théoriques sans lien avec les réalités humaines. Dans une formule il dit « *Socrate a fait descendre la philosophie du ciel sur la terre, le Prophète a fait de même avec l'Islam* ». Eshkevâri revient à Shariati pour affirmer que son projet n'était pas de rejeter l'Islam comme culture, mais plutôt présenter l'Islam comme forme de conscientisation de l'individu musulman.

Autre axe prioritaire du travail intellectuel d'Eshkevâri : l'Occident et la place de la religion dans le monde moderne. Selon lui, face à l'Occident on pourrait dégager trois attitudes : ceux qui sont fascinés par la culture occidentale, et prônent une occidentalisation à outrance de l'Iran ; ceux qui se lancent dans une guerre militaire ou psychologique contre l'Occident et soutiennent une confrontation directe ; enfin la troisième attitude qui lui semble la plus pertinente, le projet des penseurs réformistes musulmans, qui tentent de reconstruire la pensée Islamique, pour la rendre compatible avec les impératifs des temps modernes.

Eshkevâri s'inscrit résolument en continuité du travail des réformistes religieux, tout en insistant sur le fait que la problématique dominante d'aujourd'hui, est le défi posé par la modernité occidentale à la pensée Islamique.

Il est donc indispensable, selon Eshkevâri, que la pensée Islamique apporte des réponses claires aux problèmes des droits humains, de l'apostasie, du voile, de la lapidation, de la polygamie et plus généralement, du lien entre politique et religion[102].

........................

102- Eshkevâri H., « *Hoghough bashar va ahkamé éjtémaï islam* » (Les droits humains et les ordres sociaux de l'Islam), 2009, disponible sur son site : www.yousefieshkevari.com.

Quelle méthode l'auteur propose-t-il pour répondre à ce défi ? Il soutient l'idée que les lois religieuses, plus précisément les préceptes sociaux de l'Islam, sont liés au contexte historique de la naissance de l'Islam. Il n'y a aucune raison pour les appliquer tels quels dans d'autres contextes historiques, géographiques ou culturels. Formuler ainsi revient à soutenir le caractère changeant des préceptes sociaux de l'Islam en s'appuyant sur une argumentation sérieuse. Selon Eshkevâri plusieurs données fondent cette conception d'un ordre nouveau dans l'Islam :

On ne peut pas défendre que pour toute question il n'y aura qu'une seule réponse. Il importe donc de trouver de nouvelles réponses aux questions qui se posent.

Il faut distinguer entre, acte commis, et sanction infligée. Un exemple flagrant : faut-il couper la main du voleur ? Le vol est certes condamnable, mais la sanction peut prendre d'autres formes.

Il importe de repenser la finalité des ordres sociaux de l'Islam et de rechercher la philosophie sous-jacente, pour s'interroger sur la pertinence d'une application.

Fidèle à rendre compatible l'Islam et les valeurs de la modernité, il réinterprète la pensée de Shariati, pour la concilier avec cette modernité vue comme réalité « endogène » :

> *« Shariati est un critique de la modernité, là-dessus il n'y a aucun doute. Mais comment la critique-t-il ? Selon moi, on peut la critiquer de trois points de vue : d'un point de vue pré-moderne, post-moderne ou d'une position dépassant la modernité que j'appellerais « sur-moderne ». J'entends par post-moderne un refus de la modernité existante, et par sur-moderne, une modernité corrigée et évoluée. Shariati critique la modernité d'un point de vue sur-moderne. Selon moi, il s'inscrit dans le projet inachevé de la modernité, et le critique de l'intérieur. Shariati a un jugement positif sur l'évolution du monde, mais il formule également de sérieuses critiques à son égard, et cherche un modèle de modernité spécifique pour le contexte iranien : une modernité endogène. Mais, il*

*ne faut pas perdre de vue qu'il ne veut pas « Islamiser » la modernité. Au contraire, il veut moderniser l'Islam et le reconstruire. Il n'a cessé de répéter que sa vision monothéiste, est rationaliste (rationalité critique et non instrumentale), scientifique (et non scientiste), individuelle (et non individualiste) et humaniste. »*[103]

## La question du pouvoir politique

Parmi les post-révolutionnaires intéressés par la démocratie et le pouvoir politique, Eshkevâri, comme « héritier de Shariati », occupe une place importante. Cela tient à sa position, au sein du clergé chiite, mais aussi à ses divergences avec deux autres figures imposantes du champ intellectuel religieux post-révolutionnaire: Soroush et Shabestari. Les grandes lignes de la pensée de l'auteur, et son « réformisme ambivalent », ont été présentés. Nous avons vu que la pensée politique de Shariati, était tentée par le totalitarisme anti-démocratique. Eshkevâri, très attaché à la pensée de son maître, voit dans cette position, une incompréhension relative à la notion de « démocratie engagée », et il soutient l'idée d'une démocratie dans la pensée de Shariati.

*« Quant à la démocratie (bien qu'à l'époque de Shariati la démocratie ne soit pas le sujet primordial des intellectuels), la position de Shariati est très claire. Shariati croit en la démocratie comme étant le meilleur système de direction de la société. Dans son livre « La communauté musulmane et son guide » auquel on se réfère pour relever ses positions dites « anti-démocratiques », il essaie tout d'abord de faire une interprétation sociologique de la « vessayat » chiite (La délégation de la direction de la communauté musulmane à Imam Ali). Il met en débat le principe de la « démocratie dirigée » pour des sociétés sous développées, comme une période transitoire après une révolution, comme une exception qui ne met pas en cause la règle démocratique. Et deuxièmement, il critique le modèle libéral de la démocratie en s'appuyant sur ses insuffisances sociales.*[104] *»*

103- Entretien accordé à Sara Mazinani, décembre 2003, non publié.
104- *Idem.*

Il est important de présenter ici l'argumentation de l'auteur qui reste fidèle à la religion musulmane tout en soutenant la nécessité d'un pouvoir politique démocratique, fait d'égalité et de liberté.

Ses écrits accordent une place importante au lien entre pouvoir politique et place de la religion. Il n'a pas écrit de livre sur le pouvoir politique et la démocratie, mais comme d'autres, il a participé au débat public pour repenser le rapport entre la démocratie et la religion. Parti d'une position défensive et apologétique, il est passé à une vision de la démocratie, qui écarte tout recours à la religion, comme source de légitimité du pouvoir politique. Pour lui, le pouvoir démocratique et son attachement à la religion musulmane font partie de l'identité iranienne. Dans l'histoire de l'Islam, et plus particulièrement dans la vie du Prophète, un lien pourrait exister entre la mission prophétique de Mohamet et son rôle de chef de la communauté Islamique. Comme d'autres, il distingue la période mecquoise, et celle de Médine. La première dure treize ans, et le Prophète de l'Islam prêche sa religion, pour y faire adhérer les membres de sa communauté. La seconde phase, à Médine, voit le Prophète mettre en place son autorité politique, et instaurer le premier pouvoir politique. C'est alors qu'il entre en conflit avec les communautés avoisinantes.

Il l'interprète cette distinction classique de manière très personnelle. Le fondamentalisme, l'Islamisme, l'intégrisme et les courants qui politisent l'Islam se réfèrent à cette deuxième période, pour étayer un État religieux qui ferait appliquer les lois. Eshkevâri s'engage dans l'autre direction :

> *« Je pense personnellement que le gouvernement du Prophète ne faisait pas partie de sa mission. Autrement dit, son autorité ne faisait pas partie intégrante de son statut du Prophète. S'il n'était pas allé à Médine et ne nous avait pas quittés, vivant alors toujours à la Mecque, il aurait réalisé sa mission et aurait rempli toute sa responsabilité. »*[105]

........................

105- Eshkevâri H., *« Dolaté dini, diné dolati »* (État religieux et la religion

Selon Eshkevâri, il n'est donc pas indispensable d'amalgamer autorité politique et autorité religieuse du Prophète. Le message universel de l'Islam impliquerait le refus de reconnaître le modèle du pouvoir politique, instauré en Arabie, par nécessité. Pour appuyer son argument, Eshkevâri rappelle que le Coran évoque la disparité entre les versets qui ont trait à l'organisation de la vie des musulmans, et ceux qui gèrent le rapport du croyant avec Dieu.

> *« Dans le Coran il y a 6.600 versets dont juste 500 ont trait aux ordres pratiques comme la prière, le jeûne, zakat, khoms et les lois concernant l'héritage et les différents châtiments. Ces 500 versets seraient-ils suffisants pour la gestion de la société musulmane même à l'époque du Prophète ? La totalité de la population de la Médine d'alors ne dépassait même pas mille personnes et il est donc évident que ces 500 versets sont insuffisants pour gérer des sociétés actuelles très diversifiées. Le Prophète, lui-même agissait dans 90 % des cas selon ses propres impulsions ou en référence aux lois existantes. C'est la raison pour laquelle nous avons deux types d'ordres : les ordres fondés par le Prophète (ahkamé tassissi) et ceux approuvés par lui (ahkamé émzaii). »*[106]

L'établissement du pouvoir politique n'émanant pas d'une obligation religieuse, il est tout à fait possible de vivre dans une société à majorité musulmane et d'y instaurer un État démocratique. Il présente alors les grandes lignes de la démocratie, telle qu'il l'entend : on peut établir une compatibilité entre celle-ci et l'Islam.

L'analyse des principes fondamentaux de la démocratie permet de juger de cette compatibilité.

- L'acceptation d'un principe de liberté de l'homme. Reconnue par l'Islam, elle fait de tout musulman, un défenseur de la liberté.

Étatique), Téhéran, éd., Sazraii, 2000, p. 16.

106- Eshkevâri H., *« Khérad dar ziafaté din »* (La raison au banquet de la religion), Téhéran, éd., Ghassidéh, 2001, p. 252.

- L'acceptation d'un fondement, ou d'une origine séculière (manshaé zamini) du pouvoir politique. Ce fondement pose la question de la légitimité, et l'auteur estime que plusieurs points sont à clarifier sur ce sujet :

1. Le gouvernement relève-t-il d'une obligation religieuse ?
2. Certains individus, ou un seul, ont-ils été désignés par Dieu, pour gouverner la communauté ? Et cela doit-il durer jusqu'à la fin du monde ?
3. L'autorité politique du Prophète était-elle liée à son autorité religieuse ?

Aux trois questions la réponse de l'auteur est négative. Le gouvernement et le pouvoir politique ne sont pas fondés religieusement, les musulmans devant alors trouver par eux-mêmes les organisations politiques qui leurs conviennent. D'autres principes qu'un lien direct sont reconnus par l'Islam, tels « Le droit réciproque de l'État et du peuple », « La répartition du pouvoir », « La priorité au droit face au devoir » qui fondent la démocratie.

L'auteur aborde aussi la domination, cœur des théories politiques, qu'il interroge sur le plan de leurs significations en tradition Islamique. Selon lui, reconnaître la domination sur toute créature de Dieu créateur, rejette toute autre domination, y compris celle de la religion, et plus encore, celle qui donnerait à certains religieux le droit de l'exercer.

D'où des propositions :

1. La domination absolue appartient à Dieu, et personne n'a autorité pour exercer cette domination sur les croyants.
2. Dieu a délégué ce pouvoir au « genre humain » et l'Homme en tant que « représentant de Dieu » a la possibilité d'exercer son pouvoir et son autorité collectivement.
3. La forme du pouvoir et la modalité de son organisation varient selon les périodes et les sociétés et, à chaque

moment, l'être humain choisit la forme qui convient, pour réaliser les valeurs humaines, morales et religieuses. Il est donc évident que le gouvernement est un phénomène qui évolue avec le temps.

4. Compte tenu de la longue expérience humaine, le mode de gestion démocratique est la meilleure forme de gouvernement, mais elle peut faire l'objet d'une critique pour aller plus avant.
5. Les musulmans n'ont d'autre choix que le mode de démocratie car les autres formes du gouvernement ont échoué et, en pratique, ont abouti au déclin.[107]

Eshkevâri se trouvait en dehors de l'Iran, durant le mouvement de contestation contre le résultat de l'élection présidentielle de 2009. En raison de ses prises de position contre l'actuel président iranien, et son soutien au mouvement vert, il n'est pas retourné en Iran, et vit, actuellement en Allemagne. Il continue à participer au débat intellectuel en Iran en publiant régulièrement, sur quelques sites internet ou sur son propre site, des articles sur les thèmes politiques et théologiques.

Eshkevâri cherche de nouvelles formulations pour donner naissance à cette démocratie qui permettrait d'assimiler les moyens dont dispose l'humanité pour mettre en œuvre des systèmes politiques éprouvés. Sans être, bien sûr, directement fondée sur les principes religieux ou moraux, cette notion de démocratie peut être avancée sans qu'on puisse y opposer des impératifs religieux.

## Conclusion

Dans la période post-révolutionnaire, Eshkevâri n'est pas le seul porte-parole de la continuité de l'héritage de Shariati. On pourrait parler d'un courant informel connu sous le nom de

........................

107- Eshkevâri H., *Op.cit.,* 2001, p. 52-53.

« nationalistes religieux ». Ce qui est intéressant chez Eshkevâri, c'est cette production intellectuelle importante venue d'un homme de la hiérarchie religieuse possédant le statut de clerc. Il continue de publier et de défendre une religion sensible aux changements de société, sans verser pour autant dans un laïcisme étroit, qui enfermerait la religion dans un rôle purement marginal ou « privé ».

Je termine ce portrait d'Eshkevâri par une citation qui résume assez bien toute une part de sa pensée.

> *« Il n'est pas en notre faveur, pour résoudre les différends qui déchirent nos rangs, de prendre l'Islam comme cadre de référence afin de prouver, selon nos convictions politiques actuelles, que l'Islam dissocie ou ne dissocie pas la religion de l'État. Ce n'est pas en prouvant qu'ils sont ou ne sont pas dissociés dans le texte qu'on pourra créer ou supprimer le lien qui existerait éventuellement entre eux. Les arguments fondés sur la raison ne peuvent pas annihiler les causes objectives qui ont conduit à l'une ou l'autre situation, à tel ou tel moment de l'histoire.*
>
> *En réalité, le fait que l'Islam, à ses origines, n'invite pas explicitement à lier la religion à l'État ou à la politique ne veut pas dire que les musulmans ne puissent le faire ou l'interdire. En revanche, le fait que les sources suggèrent de ne pas les dissocier n'empêche pas les musulmans, en tant que communauté historique, de se libérer des interprétations traditionnelles et des lectures historiques et d'utiliser la raison pour faire de l'Islam une religion de toutes les époques et non d'une seule. »*[108]

108- Ghalioun B., Cité en Abdou Filali-Ansary. *Réformer l'Islam*, Paris, La Découverte, 2003, p. 112-113.

# Mohsen Kadivar (1959) La nécessité d'une réforme interne

MOHSEN Kadivar est une autre figure du débat intellectuel dans l'Iran post-révolutionnaire. L'intérêt de son travail tient à sa connaissance du droit musulman et à sa formation universitaire. Ces deux compétences lui permettent d'avoir accès au langage de la philosophie politique. Il reste fidèle à une tradition religieuse du monde musulman, qui croit en la possibilité rationnelle de justifier les principes religieux, et défendre la grandeur de l'Islam par rapport aux autres religions. Dans plusieurs de ses écrits, comme dans deux débats avec Soroush et Shabestari, il soutient que l'Islam a la capacité d'apporter des réponses aux questions posées par les sociétés humaines. Il rejette l'invitation d'un certain nombre d'intellectuels religieux, qui militent pour l'acceptation, pure et simple, des valeurs modernes. Il considère qu'une interprétation moderne, fondée sur un ijtihâde méthodique, permet d'extraire les valeurs modernes dans la religion musulmane. Dans un débat avec Soroush, au sujet du pluralisme religieux, il prend position pour ce que l'on pourrait appeler « Inclusivisme » soutenant à la fois la véracité de la religion musulmane, et la possibilité, pour les croyants d'autres religions, de posséder une part de vérité. Cette position se distingue autant du pluralisme religieux de Soroush et Shabestari, que de l'exclusivisme d'auteurs comme Mésbahé Yazdi ou Javadi-amoli.

Si son projet global s'inscrit dans une certaine tradition religieuse de l'Islam, il faut néanmoins ajouter que, l'évolution de la société iranienne et les difficultés que la religion musulmane rencontre dans la gestion des affaires politiques, conduit l'auteur à réviser nombre de ses idées. Ses derniers écrits consacrés aux droits humains critiquent ouvertement ce qu'il appelle « l'Islam traditionnel » ou « l'Islam historique » qui est une version de l'Islam incompatible avec la modernité et ses valeurs.

## Parcours de l'homme

Doté d'une solide formation traditionnelle, il a poursuivi ses études universitaires jusqu'à sa thèse. Son double cursus lui confère une crédibilité auprès des milieux cléricaux, qui connaissent ses liens avec Montazeri et sa formation théologique ; il est également reconnu des milieux intellectuels qui apprécient ses interventions dans les journaux. Il prend, en effet, volontiers position sur des sujets difficiles tels que, la place des femmes dans l'espace public, le droit des minorités religieuses, bien que cela présente un risque dans le contexte de la République islamique. Pour donner un exemple, dans une conférence donnée à Ispahan, il récuse la justification religieuse de la terreur politique et de l'assassinat d'intellectuels. Dans un entretien accordé à la revue *Khordad*, il revient sur l'expérience de la révolution iranienne et sur l'instauration d'un régime religieux, et critique ouvertement la République islamique, incapable, selon lui, de mettre en place un système politique garantissant les libertés du citoyen[109].

Né en 1959 à Féssa, dans la région de Fars, d'une famille religieuse, il poursuit ses études primaires et secondaires à Chiraz. A la fin du cycle secondaire, il entre à l'université de Chiraz, y étudie les sciences. Il s'engage dans la révolution, et cette expérience oriente sa vie intellectuelle. Deux ans après la révolution, ses

109- Kadivar M., *« Bahayé azadi »* (Le prix de la liberté), éd., Nashré Ney, 1999.

études scientifiques ne répondent pas à ses interrogations politiques et philosophiques, il abandonne l'université pour entreprendre des études religieuses. Il quitte sa ville natale et arrive à Gom, en 1981, et y reste quatorze ans. Il suit des séminaires religieux et devient l'élève de Montazeri. En droit musulman comme en philosophie il suit les cours de plusieurs savants musulmans. En 1997, il obtient le grade d'ijtihâde qui lui donne la compétence nécessaire pour émettre des « avis religieux ».

Parallèlement à ses études théologiques, inscrit à *l'université de Gom*, il obtient en 1993 une *maîtrise en Sciences religieuses* avant de préparer une *thèse en Philosophie Politique*. Il a également occupé le poste d'*adjoint de la section de Pensée Islamique* au *Centre de Recherche Stratégique* qu'il gardera pendant huit ans (1991-1999). Il enseigne pendant plusieurs années comme *professeur de Sciences Politiques à l'Université de « Tarbiaté moalem » (La Formation des Maîtres)*. Il représente aussi *« l'Association de la Défense de la Liberté de Presse »* dont il est l'un des co-fondateurs. Une année sabbatique lui permet de partir pour les États-Unis et d'y enseigner l'histoire du droit musulman.

Ce séjour coïncide avec le mouvement de contestation contre les fraudes électorales et la réélection d'Ahmadinejad. Comme beaucoup de réformistes, il soutient la candidature de Mir Hosseine Moussavi. Ses prises de position contre l'actuel président de la République islamique d'Iran et son soutien au mouvement vert le placent parmi les opposants au régime. Il vit aux États-Unis, où il poursuit une activité académique et un engagement politique, ce qui l'amène à mettre en place le site *Jaras* traduit par « Le mouvement de la voie verte ».

## L'œuvre de Kadivar

L'œuvre de Kadivar est renommée, et certains de ses livres connaissent quatre, voire cinq éditions. On pourrait regrouper ses travaux en plusieurs rubriques : religion, théologie, droit musulman et philosophie politique. Sa célébrité provient de ses thèses en droit musulman particulièrement lorsqu'il touche au pouvoir clérical.

Le livre qui le fait connaitre s'intitule « la théorie de l'État dans le droit musulman ».[110.] Il y soutient l'existence d'une pluralité d'interprétation du pouvoir clérical : les oulémas chiites divergent en effet sur le rôle de la religion en matière de gestion des espaces politiques et publics. Solidement appuyé sur l'histoire et le Corpus théologique, ce livre a un grand écho et fait l'objet de discussions dans les journaux et revues spécialisées. Son deuxième livre, « le pouvoir du gouvernement Islamique »[111] aborde la domination cléricale. Il publie aussi «Les préoccupations du gouvernement religieux[112] qui donnent une vue d'ensemble de son activité publique sur presque vingt ans.

Par ailleurs, il est l'auteur de plusieurs publications sur la philosophie islamique et la théologie musulmane. Ne pouvant publier en Iran, en raison de ses prises de position, il publie ses travaux actuels sur son site internet.

Sa critique du clergé rejoint celle d'autres intellectuels religieux refusant d'accorder une légitimité inconditionnelle au clergé par le seul fait de sa place dans la hiérarchie religieuse. Avant d'aborder les thématiques qui sont au cœur de son projet, un détour par sa conception du clergé et sa place semble pertinent.

........................

110- Kadivar M., *« Nazariyéhayé dolat dar feghhé shé »* (Les conceptions de l'État dans le droit chiite), Téhéran, éd., Nashré Ney, 1997.

111- Kadivar M., *« Hokoumaté valai «* (Le pouvoir du gouvernement Islamique), Téhéran, Nashré Ney, 1998.

112- Kadivar M., *« Daghdaghéhayé hokoumaté dini »* (Les soucis du gouvernement religieux), Téhéran, éd., Nashré Ney, 1997.

## Le clergé

Comme d'autres clercs qui refusent, de l'intérieur, la transformation de la République islamique en une théocratie, Kadivar se positionne à l'intérieur du discours théologique, pour critiquer le clergé iranien. Lors de sa plaidoirie qui précédait sa condamnation et son emprisonnement, il exprime son attachement aux valeurs fondamentales de l'Islam, et se présente comme favorable à une République islamique.

En ce qui concerne les options du clergé dans la société iranienne, Kadivar se place sur trois plans, et distingue clairement les niveaux de l'histoire, du droit et des faits :

**L'histoire.** Selon lui, le clergé a eu un rôle important dans l'histoire de l'Iran. Cela date du XVI^e^ siècle lors que le chiisme devient religion officielle. Depuis le milieu du XIX^e^ siècle, lors de mouvements politiques et lors de différentes révoltes et révolutions en l'Iran, le clergé a joué son rôle.

**Le droit.** Sur un plan juridique, on pourrait juger la place du clergé d'après la constitution, qui lui accorde des privilégies. Mais, Kadivar prend une autre référence, et rappelle le contexte de la Révolution. Pour lui, Khomeiny n'envisageait pas au départ de déléguer le pouvoir politique au clergé, il souhaitait seulement lui accorder un pouvoir de surveillance, et de contrôle du fonctionnement du système politique, selon les normes du Coran. Le départ de Khomeiny vers la ville de Gom devenait un symbole et signifiait, toujours selon l'auteur, la volonté du fondateur de la République islamique à accorder, dans la gestion du politique, un rôle indirect au clergé. Mais, dans la constitution, ce rôle de surveillance se cristallise en un pouvoir effectif accordé au *Conseil de surveillance,* instance désignée par *le guide* qui intervient dans sa composition et dans son fonctionnement. Des confusions se créent ainsi.

**Dans les faits**. En Iran, il existe une confusion entre le pouvoir politique du clergé et son autorité politique. Kadivar rappelle que ce n'est pas parce que le clergé accède au pouvoir, que son autorité politique est reconnue par les musulmans. Son autorité a même décru, pense-t-il. Elle lui semblait beaucoup plus importante avant la Révolution, car la relation entre les *pôles d'imitation* et les croyants était fondée sur la libre adhésion[113].

Pour Kadivar, la politisation de la religion et l'accès au pouvoir du clergé sont dangereux, et à long terme, cela nuit au clergé lui-même. Il est alors conduit à distinguer trois profils de clercs :

**1 - Le clergé de l'État.** Des clercs ont des postes officiels dans différentes instances du pays et dans les diverses organisations de l'État.

**2 - Le clergé traditionnel.** En marge de toute intervention politique, une partie du clergé se consacre à promouvoir la vie des centres religieux, et à vivre ses rapports directs avec les croyants.

**3 - Le clergé moderniste.** Sans poste politico-administratif, il refuse les justifications religieuses du pouvoir et se consacre à l'amélioration des conditions de vie des musulmans.

Pour Kadivar les interférences sont fortes, et le clergé doit donc procéder à une critique de sa politisation, afin de rendre au croyant l'espace de liberté dont il a besoin dans l'exercice de sa religion. Cette distinction des rôles implique des obligations de réserve. Ce trait a été visible lorsqu'on l'a interrogé sur son éventuel soutien à la candidature de Khâtami en 1997 :

> *« Le clergé n'a pas à intervenir dans les élections politiques et dans le choix du peuple, car il fait partie d'une catégorie à part. Il ne doit pas dire pour quel candidat voter, ni qui lui semble avoir les qualités requises*

.........................

113- Kaviani M., *« Ramze pirouzi yek reiss jomhour »* (Le secret de la victoire d'un président de la République, Téhéran, éd., Nashré Zekr, 1999.

*pour être Président de la République. Malgré différentes sollicitations, je me suis toujours refusé à soutenir publiquement Khâtami. »*[114]

Kadivar revient également sur la révolution iranienne et l'interprète à la lumière de l'expérience de l'État religieux. Son point de vue est donné dans un entretien, accordé à un journal réformiste, sur les objectifs de la révolution. Révolutionnaire engagé comme la jeunesse de son temps, il réprouve les conséquences de l'Islamisation du pouvoir et de la société et soutient que le lien privilégié, entre religion et pouvoir politique, doit être rompu. Il met en évidence que le bilan des vingt-cinq ans de République islamique, montre l'échec du régime iranien, incapable de lutter contre l'injustice sociale et la promotion des valeurs religieuses. Il présente les objectifs de la révolution et le résultat obtenu après ces années de République islamique.

*« D'abord la lutte contre l'injustice sociale et politique de l'ancien régime. Ensuite, le sentiment que le pays était dans des mains étrangères. Ceci exacerbait l'impression d'atteinte à l'unité nationale. Enfin la politique anti-religieuse de l'ancien régime.*

*Il faudrait peut-être préciser que dans les dernières années de sa vie au pouvoir, le Shah d'Iran a mené une politique qui a pu blesser une partie de la population. Parmi les mesures, évoquons le changement du calendrier iranien qui établissait jusqu'alors l'émigration du Prophète comme le commencement de l'histoire. Il change cette date en la reliant au couronnement des rois perses. Nous avons gagné au change plus de 1.200 ans ! Mais cette politique, dénoncée dès les premières manifestations, est à l'origine des premières revendications de la révolution iranienne.*

Quand on lui demande si la révolution a atteint ses objectifs, il répond :

*« L'un des objectifs de la révolution était de renverser l'ancien régime. On peut donc dire que nous avons atteint cet objectif. Mais la suppression*

........................

114- Kaviani M., *« Ramze pirouzi yek reiss jomhour »* (Le secret de la victoire d'un président de la République), op.cit, p. 31.

> *formelle de la monarchie royale est une chose, la disparition des fondements sur lesquels le régime reposait en est une autre. Autant la réussite sur un plan formel est évidente, autant nous avons pu constater que les anciens rapports se sont reproduits, après la révolution, sous des formes nouvelles. Le peuple a fait la révolution pour prendre en main son destin et non pour le confier à quelqu'un, fût-il très honnête et très pieux. Les modalités de l'élection et le rôle que les instances non représentatives jouent dans le fonctionnement du système montre à quel point il est difficile d'envisager une alternative politique. À cela ajoutons encore un total manque de contrôle des hommes politiques. »*[115]

Il a été condamné et emprisonné pour ses prises de position.

## La pluralité des conceptions du pouvoir clérical

La critique du pouvoir clérical élaborée par Haéri-yazdi dans son livre intitulé « sagesse et gouvernement », n'a pas de grande répercussion, car publié en Angleterre. Cette critique ne met pas en cause la possibilité d'un pouvoir clérical mais elle ne fait que discuter le fait qu'il s'agisse de la seule transcription politique légitime, ou de la seule inscription possible de l'intervention des clercs, dans l'espace politique. Mohsen Kadivar met en lumière qu'il existe une pluralité de conceptions du pouvoir clérical chez les savants religieux. Cette pluralité reste une possibilité permanente : plusieurs théories peuvent se targuer d'être légitimes. Cette critique, parce qu'elle est issue d'un membre du clergé, fait, dans les revues et les quotidiens, l'objet de débats qui touchent les milieux religieux. Cette conception, évoquée dans un long article d'une revue iranienne, a été traduite en anglais et en arabe. L'auteur, après quelques modifications, le reprend dans son livre « Les conceptions de l'État dans le droit chiite. Celui-ci fait partie d'une trilogie, dont le deuxième volet s'intitule «de la domination cléricale» et le troisième volet concerne le pouvoir

........................

115- Kadivar M., *« Bahayé azadi »* (Le prix de la liberté), Téhéran, éd., Nashré Ney, 1999.

clérical et la démocratie. On accède ainsi à une certaine vue d'ensemble.

L'argumentaire, appuyé sur une recherche historique sérieuse, met l'accent sur diverses théories du pouvoir des savants religieux. L'évolution de la pensée politique de l'Islam chiite est prise comme un fait. L'analyse des convergences et divergences de cette tradition montre que les uns et les autres ne partagent pas du tout le même point de vue. Pour Kadivar, cette pluralité est une preuve pour soutenir l'idée selon laquelle, toute théorie du gouvernement Islamique peut faire l'objet d'une critique. Dans son analyse, il distingue quatre périodes ayant chacune leur thématique, et qui incarne ce mouvement dans le processus changeant de l'histoire :

**Première période,** (du X^e siècle au XV^e siècle). Elle se caractérise par une efflorescence du droit privé, et très peu d'allusions au droit politique. Pendant six siècles, aucune élaboration théorique ne vient justifier l'intervention du savant religieux dans le domaine politique ou dans la vie publique. Le fait vaut d'être signalé.

**Deuxième période,** (de l'arrivée des safavides -XVI^e siècle- au début de la révolution constitutionnelle en 1906). L'Islam chiite devenu religion officielle, le corps des oulémas se constitue; sur le plan politique, il ne produit aucun travail significatif. Le seul *faqih (spécialiste du feqh)* chez qui pointent les premiers éléments d'une théorie de l'État, est Mohaghég Karaki. Il justifie le *pouvoir clérical* en se référant à quelques dits du Prophète.

Le premier *faqih* à s'intéresser au rôle du *pouvoir clérical* dans l'État est Molla Ahmad Naraghi (1869). Son traité « Avaidé ayam » consacre un chapitre aux pouvoirs et devoirs des *foqahas (pluriel de faqih)*. Contemporain de la dynastie Qadjar, il traite du rôle des clercs pendant la grande occultation et considère que le *faqih* a le pouvoir sur les orphelins, les enfants et peut intervenir sur les biens matériels des musulmans. C'est son élève, Shikh Moteza

Anssari qui, en 1902, critiquant les idées de son maître, développe une conception du *pouvoir clérical* reprise dans ses grandes lignes, par Khomeiny dans « Pour un gouvernement islamique».

**Troisième période,** de la révolution constitutionnelle à la Révolution islamique iranienne (1905-1978). Des notions modernes sont alors introduites, telles que « droits individuels », « liberté », « justice », « limitation du pouvoir despotique », « séparation des pouvoirs », « vote ». Le clergé iranien est confronté à des choix nouveaux et à des mœurs nouvelles.

Pour Kadivar face au défi du monde moderne, deux visions d'une réforme de la pensée religieuse, se dégagent: Une vision traditionnelle refusant toute réforme de la pensée, considère que toute tentative de rendre l'Islam compatible avec un pouvoir extérieur est condamnée. Cette tendance, présente depuis la révolution constitutionnelle, est incarnée par Nouri, pourfendeur de toutes les notions modernes et infatigable défenseur de leur incompatibilité totale avec les valeurs religieuses. Une autre tendance veut réformer la pensée religieuse, et accepte tout pouvoir constitutionnel sous condition qu'il respecte les valeurs religieuses. Cette tendance est représentée par Naini qui, dans un court traité, donne sa lecture d'un Islam compatible avec un pouvoir politique moderne. Selon lui, la garantie de l'Islamité d'un État tient à la présence des *foqah*, détenteurs d'une partie du pouvoir, et à l'attention portée à l'application des lois. On retrouve un pouvoir de contrôle, pas de direction.

**La quatrième période** commence avec Khomeiny et l'instauration de la République islamique. Khomeiny, le premier *faqih* à fonder un État Islamique, inspirera la rédaction finale de la *Constitution* iranienne. Chez le fondateur de la République islamique, l'instauration d'un État nécessite la présence des *foqah*, seuls détenteurs légitimes du pouvoir politique.

Avec la Révolution iranienne, la religion sort du domaine privé, et produit diverses théories sur l'État islamique. Le rôle du clergé est transformé, et il devient le seul garant de l'application des lois religieuses. Hormis cette théorie de Khomeiny, depuis la Révolution, quatre conceptions ont été développées chez les chiites :

**La première,** celle du « **califat du peuple sous surveillance des foqah** », est élaborée et soutenue par Baghere Sadr, dans un livre publié à la veille de la révolution.

**La deuxième,** défendue par Moghnieh dans un traité publié lui aussi à la veille de la révolution, soutient un « **État élu religieux** ». La mise en place d'un *pouvoir clérical* est légitimée par le seul fait de l'existence d'une majorité musulmane chiite. Ce pouvoir, élu par les musulmans, devient le garant de l'application des préceptes religieux.

**La troisième,** celle de Montazeri, est défendue dans son cours intitulé « à propos du pouvoir clérical et de l'État Islamique ». Elle soutient un pouvoir limité des *foqaha*.

**La quatrième**, de Haéri, est publiée dans son « Sagesse et philosophie »[116]

Kadivar pose au travers de cette présentation plurielle du *pouvoir clérical*, une question de légitimité : « Que veut dire le fait qu'on puisse accepter ou rejeter une interprétation du *pouvoir clérical* ?» D'où une autre question : « Quelle est la nature de la légitimité du pouvoir politique ? » Kadivar distingue alors deux légitimités : la première, la légitimité divine immédiate. Selon celle-ci, le Prophète, les imams et les *foqaha* détiendraient, par délégation de Dieu, un pouvoir qu'il est impossible de remettre en cause. La deuxième est la légitimité théocratico-démocratique :

.........................

116- Kadivar M., *« Nazariyehaye dolat dar feghe shieh »*, Téhéran, éd., Nashré Ney, 1997, introduction.

Dieu laisserait à la communauté musulmane le droit de gérer ses affaires politiques. Elle doit le faire dans le respect des prescriptions religieuses, et en accord avec la souveraineté politique. Les lois, bien sûr, ne doivent pas contredire les principes religieux ; toutes les lois pour autant ne sont pas systématiquement religieuses. Le savant religieux a pour mission de veiller à éviter l'incompatibilité entre les lois votées et les fondements religieux. Dans la première perspective, la communauté musulmane ne joue aucun rôle de légitimation ; dans la deuxième, la légitimité émane du peuple et l'organisation de la société est soumise aux décisions de ce peuple.

L'évolution de la pensée politique chiite, pour lui, est un signe de la diversité et de la vivacité du débat chez les savants religieux. Elle indique aussi la force de la lutte contre la version officielle, nimbée d'une légitimité religieuse sans contrôle ni débat.

Après ce survol des étapes de la pensée politique de l'Islam chiite, et après avoir élaboré deux types de légitimité, Kadivar étudie les différentes conceptions du pouvoir politique chez les savants religieux.

Sa démarche prend ici toute son ampleur. Appuyée sur la tradition savante chiite, comme sur les sciences politiques, elle ouvre une nouvelle voie à la critique interne du politique sans pour autant refuser le rôle de la religion dans la vie politique du pays.

## Pouvoir clérical et démocratie

Kadivar se réfère à la pluralité des interprétations du *pouvoir clérical* pour récuser la lecture officielle, bien qu'elle soit une lecture parmi d'autres. Il défend un pouvoir politique fondé sur la raison, mais garde néanmoins le souci de préserver la religion, tout en l'inscrivant dans l'espace public. Il refuse une République islamique mais soutient le droit et la capacité de la religion à proposer de grandes orientations de société. La religion ne rompt pas avec le politique, mais doit veiller à ce que les lois ne soient pas en contradiction avec les principes religieux essentiels. Voilà une position qui le sépare des défenseurs de l'Islam politique voulant l'application pure et dure des percepts religieux. Cette position le différencie également de certains intellectuels qui, à force de séparer radicalement les registres, ne laissent plus aucun droit à la religion dans l'espace public.

Dans une conférence donnée aux États-Unis, il développe ses écrits antérieurs. Pour réfuter les prétentions politiques de l'Islam, il ne récuse aucunement un gouvernement religieux qui serait respectueux des principes démocratiques. La religion dépasse le cadre de toute version cléricale : il défend le droit de la religion à revendiquer sa place propre, y compris dans l'espace public.

L'auteur clarifie son discours en donnant des précisions sur sa conception de la démocratie. Selon lui, la démocratie doit répondre à deux questions : « qui doit gouverner ? » « Qui a la compétence pour gérer l'espace public ». Il reprend ainsi à son compte une typologie classique et distingue quatre formes de pouvoir politique, très classique depuis Aristote.

**L'autocratie** qui donne le pouvoir à un seul homme.

L'**aristocratie** qui donne le pouvoir à quelques hommes ou à un groupe.

La **démocratie** qui confie le pouvoir au peuple, qui le délègue à ses représentants, donnant la démocratie représentative.

À ces trois formes très classiques, il ajoute la **théocratie**, gouvernement de Dieu. Mais, Dieu ne gouverne pas directement, tout, il délègue son pouvoir. Selon qu'il le délègue à une seule personne, à un groupe, ou au peuple, on obtient la théo-autocratie, la théo-aristocratie, la théo-démocratie. Kadivar continue d'opposer la simple démocratie aux autres formes, théocratiques ou non, du pouvoir politique.

Tout parait simple au niveau des concepts. Reste à connaître l'organisation politique qui pourrait répondre à cette vision. Pour ce faire, Kadivar appelle aux principes fondateurs de la démocratie :

**Le principe d'égalité**. Il concerne tous les domaines de la vie. Toute discrimination, religieuse, politique ou raciale est à proscrire ; toute prééminence d'un groupe ou d'un individu, quel qu'il soit, est interdite.

**Le principe de souveraineté du peuple**. C'est la seule origine de la légitimité.

**Le principe de participation**. La démocratie nécessite l'implication et la participation des citoyens dans les affaires de la société. La démocratie ne s'arrête donc pas à un simple électoralisme.

**Le principe des droits de l'homme**. Ce principe donne une limite infranchissable.

Si telle est la démocratie, comment parler de démocratie religieuse ?

Kadivar précise ses vues sur la religion et la rend ainsi compatible avec la démocratie. Il ne veut pas en effet confondre deux visions de la religion, dont une seule est compatible avec la démocratie.[117]

**Pour la première** le gouvernement religieux se base sur les principes religieux, qui eux-mêmes fondent la légitimité. Cette vision maximaliste de la religion lui confère un rôle total. Tout ce qui est nécessaire au salut serait donné dans la religion. Cette conception implique la gestion de la société par la religion et ses juristes.

.........................

117- Kadivar M., « Kodam hkoumaté dini kodam azadi ? » (Quel gouvernement religieux quelle liberté ?), in *Rabaté din ba azadie* (Rapport de la religion et la liberté), Téhéran, éd., Zaker, p. 206-207.

**Dans la deuxième vision**, la gestion de la société, des affaires publiques et du politique relève du peuple. Les principes de gestion des affaires de la société sont rationnels. La religion n'a rien à en dire et n'a aucun plan à proposer. Elle ne connaît que de grands principes et elle peut intervenir pour donner de grandes orientations de la société.

Dans cette perspective minimaliste, le rôle de la religion par rapport à un gouvernement, s'arrête à un rôle de gardien de ces trois principes évoqués ci-dessus.

Pour Kadivar, Le *pouvoir clérical* dans sa version dominante en Iran, est incompatible avec la démocratie et des aménagements n'y changeraient rien. Pour lui, la différence entre pouvoir de l'État et pouvoir religieux, est une différence de nature.

## L'Islam est-il compatible avec la modernité ?

La problématique de la modernité hante presque tous les intellectuels religieux. Ils cherchent, chacun à sa manière, à trouver un moyen permettant à des sociétés musulmanes de garder leurs traditions religieuses, tout en acceptant les valeurs, issues du monde moderne. Kadivar élabore une méthodologie qui peut ouvrir un nouvel espace de dialogue avec la civilisation occidentale. Le rapport entre Islam et modernité passe, selon lui, par un travail d'élucidation de ce que l'on peut entendre par Islam. Il n'est pas possible de parler de l'Islam et de la modernité comme de deux entités immuables. Il est indispensable de commencer par une recherche sur l'Islam originel et les différentes formes de cette religion, à travers l'histoire. Il s'élève contre des visions essentialistes et culturalistes de l'Islam, et milite pour une vision de la religion musulmane ouverte aux acquis de la modernité. Il introduit ainsi une distinction entre un Islam « traditionnel » (qu'il qualifie d'historique), et un Islam moderne (plus intellectuel et spirituel). Il récuse la volonté des défenseurs de l'Islam traditionnel d'appliquer les lois religieuses sans tenir compte de la finalité de ces lois ni du contexte qui a conduit à la naissance de ces lois. Pour lui, dès qu'on parle des préceptes religieux et de leur application, il importe de tenir compte de trois conditions qui peuvent être nécessaires, voire indispensables pour que l'application soit saine et bénéfique :

> *« La première est la validité des préceptes religieux et leur conformité avec la raison humaine. Ces préceptes religieux doivent donc être confrontés à la raison humaine, et il importe de les replacer dans leur contexte historique.*
>
> *Une autre condition est que les préceptes religieux aient été justes au temps de la naissance de l'Islam et ce critère doit être étudié de près dès qu'un pouvoir politique se donne comme but de les mettre en place et de les appliquer.*
>
> *Le troisième élément concerne le législateur : qui peut légiférer en Islam ? Selon Kadivar les seuls législateurs sont Dieu et le Prophète de l'Islam. Tout autre homme, faillible, est incapable de légiférer. Tout précepte religieux qui perd sa validité en raison de son caractère injuste, ne peut être remplacé par un autre précepte arbitraire, car le seul ordonnateur religieux est le Prophète de l'Islam. »*[118]

Dans une telle perspective, les hommes religieux perdent progressivement leur pouvoir, mais la religion reste vivante dans la mesure où l'Islam n'est jamais réduit à une dimension purement normative.

## Conclusion

Kadivar reste très présent dans le débat public malgré son éloignement géographique. Ne craignant pas l'arrestation ni l'emprisonnement, il expose sur son site internet, une vision de l'Islam en opposition directe avec l'interprétation des tenants du

........................

118- Kadivar M., *« Hagolnas islam va hoghoughé bashar »* (Droits humains islam et les Droits de l'homme). Téhéran, Ed., Kavir, 2009.

pouvoir en Iran. Au-delà de ses textes théologiques, son objectif est de concilier l'Islam et la modernité comme il l'explique :

> *« Ce que je tente de faire depuis quelques années consiste à chercher la possibilité d'une lecture de l'Islam qui aille de paire avec une interprétation de la modernité. Je m'interroge sur les conditions qui permettent la réalisation des objectifs de l'Islam et les valeurs de la modernité. Autrement dit, comment penser une société où les hommes ne sont pas obligés d'abandonner la religion pour épouser les valeurs de la modernité ? Je soutiens l'idée selon laquelle le fondement de la loi provient de l'homme et les affaires de la société sont soumises à la raison collective et la liberté humaine. »*[119]

........................

119- Kadivar M., 2009, *op.cit.*

# Mohamad Mojtahed Shabestari (1936) Interminable quête de la foi

L'IMPORTANCE de Soroush, dans cette nouvelle construction du champ intellectuel religieux, ne doit pas occulter l'impact de Shabestari et son rôle. Il est une figure capitale au sein de la hiérarchie religieuse et chez les intellectuels, qu'il provoque dans des débats philosophiques ou politiques.

Depuis quelques années, il construit ce qu'il est convenu d'appeler la « nouvelle théologie », caractérisée par l'usage de méthodes philosophiques. Imprégné de philosophie allemande et particulièrement d'herméneutique, il fonde un nouveau rapport entre religion et modernité. Il souhaite sauver la foi des griffes des détenteurs du monopole, que s'arroge l'institution religieuse officielle ; il veut aussi marquer son adhésion au monde moderne. Shabestari fait partie de la tendance musulmane, qui attribue à la raison, une place capitale dans l'interprétation des textes religieux, et des faits sociaux. Sa démarche distingue de manière radicale les différents registres (politique, économique, religieux), et souligne combien il est pertinent de les séparer. Il développe une religiosité, qui doit permettre au croyant, une double fidélité : envers la religion, et envers la vie de sa société.

Contrairement à Soroush, Shabestari intervient peu dans la vie publique. Ses publications ont cependant un large écho dans les cercles intellectuels, et font débat dans les écoles théologiques. Sa qualité de clerc[120], lui permet de bénéficier d'une légitimité dans le domaine religieux. Malgré sa position hiérarchique, il ne publie pas sur la pensée, ni sur la philosophie proprement islamique, pas plus que sur le Coran ou la tradition Islamique. Il s'attache à déconstruire la pensée dominante, pour montrer l'incohérence d'un pouvoir, qui use de la religion comme instrument de domination.

## Une pensée critique

Son entreprise intellectuelle peut s'inscrire dans l'ensemble du mouvement critique qui émerge en Iran après l'expérience de l'instauration d'une République islamique. Chez lui, on trouve la critique de la pensée religieuse à travers une lecture philosophique d'inspiration herméneutique, une mise en cause de l'Islam politisé, par déconstruction des arguments du pouvoir politique iranien et une réflexion sur le danger de l'idéologisation de la religion de certains intellectuels iraniens. Cette critique d'un Islam idéologique se nourrit d'une vision humaniste de l'Islam, et d'une lecture existentielle de la religion, avec un souci premier : placer la foi religieuse au cœur des préoccupations du croyant. Cette démarche critique doit être valorisée, selon lui, dans un Iran où la mise en cause des principes du pouvoir politique, est facilement taxée d'hérésie ou d'hétérodoxie.

Par sa posture réflexive, Shabestari reste une référence incontournable dans le contexte iranien, car ses argumentaires et ses travaux s'ancrent dans une tradition religieuse connue sous le nom de « controverse » (*Jadal*). Il faut placer l'entreprise intellectuelle de Shabestari sous le signe de la critique:

.........................

120- En rédigeant ce travail je constate que Shabestari décide lui-même d'enlever ses habits religieux avant qu'il ne soit frappé par une décision du tribunal spécial du clergé. Ce tribunal a déjà condamné plusieurs clercs et leur a interdit de porter l'habit religieux.

> *« Cela consiste à évaluer les pertinences et les non-pertinences des méthodes utilisées par les théologiens dans leur essai d'apporter des réponses aux questions qui touchent à la religion et à la religiosité ».*

Et il précise :

> *« La critique de la théologie ou de la philosophie Islamique ne signifie pas critique de l'Islam. Certains pensent que ces critiques pourraient toucher le cœur de l'Islam. C'est une erreur car on ne peut pas réduire l'Islam à la théologie pas plus qu'à la philosophie, ou la mystique ».*

Dans ce cadre qui établit la critique comme gardienne de la foi, Shabestari distingue deux formes, une externe et une interne. Cette distinction a pour objectif de clarifier deux façons d'envisager la critique de la religion :

**La critique externe** est l'œuvre de penseurs, qui n'ont pas besoin d'affinité avec la pensée religieuse. Le critique ne se positionne jamais en tant que croyant, mais recherche les fonctions de la croyance religieuse, et observe les différentes formes de religion dans l'histoire. Cette discipline prend son essor, selon Shabestari, au XVIII$^{e}$ siècle, se poursuit chez des penseurs comme Feuerbach, Marx, Nietzsche ou Freud. Dans une telle perspective, le critique déconstruit la pensée religieuse à partir d'un point de vue externe, fondé sur telle ou telle discipline. Shabestari ne met jamais en cause ce principe d'une critique externe. Pour lui, ce type de critique sert le croyant en lui permettant de changer certaines de ses habitudes, et au besoin de développer des contre arguments solides.

À côté de ce jugement externe, Shabestari évoque une **critique interne**, œuvre de croyants. Si l'appréciation externe prétend délégitimer, et invalider la croyance religieuse, sans se soucier de ce qui anime l'acteur, la critique interne, pose son protagoniste comme sujet et se soumet à une démarche réflexive. Cette perspective, déconstruit en analysant l'emprise des contradictions, mais tient à retrouver ses lignes de forces internes.

Shabestari souligne qu'en matière religieuse, le croyant se doit d'accepter toute critique interne, tout principe interprétatif, toute investigation philosophique. Shabestari continue à penser que pour l'homme moderne, ses aspirations vers l'absolu, sa quête de sens, ses interrogations sur la mort ont toujours une valeur réflexive. La double critique, en ce sens, est un droit religieux fondamental et absolu. Il le dit clairement :

> *« Il ne faudrait pas tracer dans la société un fil rouge en matière de critique, dont on dirait qu'il est infranchissable. Les critiques doivent être possibles, avoir une liberté de champ sans limitation. C'est à la personne croyante, face à ces critiques, de se poser les questions suivantes : « Comment y répondre de façon rationnelle ? » « Comment à partir de là, rendre la foi attrayante ? »... « Comment re-comprendre sa foi ?» La foi n'est pas réalité figée et fixée une fois pour toutes. Elle se transforme en fonction de l'expérience que l'homme se fait. »*[121]

## Une volonté de réforme religieuse

Sur un plan purement religieux, Shabestari, dans son projet intellectuel, souhaite une réforme de la pensée religieuse, et une réflexion sur l'appareil religieux, tel que l'histoire l'a constitué. Sa démarche ne s'attache pas à un aspect particulier de la pensée religieuse, mais cherche plutôt à ouvrir le champ, par diversification des méthodes et par multiplication des points de vue sur la religion. Il poursuit une tradition religieuse, dont une des grandes figures en Iran moderne est Morteza Motahhari. Il s'inscrit, comme ce dernier, dans une Umma composée aujourd'hui de croyants divers. Motahhari avait été l'un des tout premiers à organiser des formations pour engager le clergé dans les débats modernes, et réformer l'institution cléricale. Cependant, le contrôle du clerc demeurait en raison de son autorité dans le domaine religieux. Shabestari, conscient de la diversité, juge nécessaire, pour

121- Shabestari M., « *Herméneutique, ketab va sonat* », (Herméneutique, le Coran et la tradition), Téhéran, éd., Tarhé now, 1996, p. 147.

chacun d'accepter l'authenticité de la foi de l'autre, mais n'a pas forcément la même opinion. À la différence de Motahhari, la diversité, pour Shabestari, est un fait. Elle implique que chacun aille au bout de ses choix, et de sa liberté. Shabestari revendique ce droit impérieux à la liberté, comme un fait, et celle-ci doit être respectée comme une valeur sans égal. Il interdit ainsi aux conservateurs de se présenter comme les seuls maîtres incarnant la tradition. Finalement, comme Motahhari, il connait la tension entre unité et diversité, mais place la diversité comme principe premier. Le centre de la foi est le cœur de chaque homme, et non une communauté aux croyances abstraites et vagues. Les penseurs du monde musulman ont procédé à une réforme de la pensée religieuse. À l'instar des réformistes musulmans, Shabestari s'inscrit dans le même mouvement sans se prendre pour le créateur d'une nouvelle religion, ni même pour le créateur d'une variété nouvelle, au sein de la Umma musulmane.

Inscrivant son projet dans le cadre global du réformisme musulman, il distingue trois formes, chacune correspondant à une vision de l'Islam[122] :

**Un réformisme de type salafiste** : l'objectif est un retour pur et dur aux sources, et au temps du Prophète. La religion, dénaturée au cours de l'histoire, donnerait pour mission aux réformateurs d'opérer un «retour» vers l'âge d'or. Ibn Taymiyah est l'un des représentants de ce courant, qui tient à lutter contre les innovations (*bidat*), considérées comme interdites par l'Islam. Le wahhabisme et certains fondamentalismes incarnent cette lecture rigoriste.

**Un réformisme de type mystique** : il s'agit de reconstruire l'appareil religieux pour permettre aux croyants de purifier leur âme. Le représentant typique de ce courant est Ghazali, qui promeut un retour à un spiritualisme.

122- Shabestari M., *Op.cit.*, p. 147.

**Un réformisme de type moderniste** : ce mouvement incite à un retour aux sources religieuses pour construire un édifice compatible avec les valeurs du monde où nous vivons. Depuis 150, ans des auteurs musulmans vont dans cette direction : M.Igbal, M.Abdou, Abolkalam Azad, Amin-al-khuli. Ce mouvement de réforme souhaite rendre la religion compatible avec le monde moderne. Ce type de réformisme se caractérise par trois types d'expérience : une expérience de soi, une expérience du monde et enfin une expérience de la Révélation.

### Évolution de la pensée de Shabestari

Aujourd'hui, sa légitimité dépasse les frontières, comme en témoignent la traduction en arabe de certains de ses écrits et le fait que des articles soient disponibles en anglais. La pertinence de sa démarche, l'originalité de son entreprise, font de lui une figure spécifique. Il représente une orientation qui le distingue de toutes les autres figures intellectuelles.

Pour affiner les grandes lignes de sa pensée, il semble nécessaire de situer son projet dans son parcours, montrer les grands thèmes qu'il a abordés par lui. Une périodisation permet de comprendre l'évolution de sa pensée et ses affinités avec les autres penseurs de sa génération.

## Qui est Shabestari ?

Né en 1936 à Shabestar dans une famille religieuse dont le père était un clerc renommé. Deux éléments caractérisent son milieu: d'une part une ambiance familiale religieuse, en présence d'un père rigoriste, et très attaché aux pratiques religieuses, et d'autre part, un processus de modernisation autoritaire de la société iranienne, engageant le pays dans une laïcisation. Il ne garde pas un très bon souvenir de l'ambiance familiale et rappelle simplement la sévérité d'un père attaché au respect des principes religieux pour son fils. Une fois sa scolarité terminée, il quitte sa ville natale, pour l'école théologique de Gom. Il y reste 8 ans (1960 à 1968). Durant ce séjour à Gom, il participe à des séminaires : avec Seyed K. Shariatmadari sur le « *figh* » (droit religieux), avec Montazeri en philosophie, Tabatabaï, en éthique et mystique. Il se dit « très influencé par les idées et la personnalité » de ce dernier maître. [123]

Durant cette période, il a connu le « Mouvement pour la Nationalisation du Pétrole ». Il se souvient également de sa première rencontre avec Shariati, chez Motahhari. Ce dernier reprochait à Nasser de négliger la place de la religion musulmane dans son action. Shabestari garde le souvenir de la réponse de Shariati qui, lui, défendait Nasser. Ils se rencontreront d'autres fois, mais sans échange réel sur des sujets importants.

Les réformes engagées par le Shah d'Iran en 1961 parmi lesquelles le droit de vote aux femmes mettent en colère le clergé iranien et Shabestari publie un article dans un recueil de textes intitulé « femmes et élection ». Son article remet en cause le droit des femmes à participer aux élections, et défend l'Islam au nom du droit religieux. Shabestari, qui a une vision maximaliste de l'Islam, considère que les réponses apportées par l'Islam aux besoins matériels et spirituels de l'homme, sont supérieures à celles de toute autre religion et de toute autre idéologie. Le *fiqh* est en capacité de répondre aux défis du monde actuel.

## La période allemande et la formation philosophique

Après presque huit ans à Gom, l'Ayatollah Beheshti, qui avait dirigé pendant 5 ans le Centre Islamique d'Hambourg, en Allemagne, lui propose de prendre le relais. Sans hésitation, il accepte, et quitte l'Iran. Arrivé à Hambourg en 1969, il s'y installe, apprend la langue, s'initie aux débats théologiques du lieu, et participe, en auditeur libre, à différents séminaires. Il

........................

123- Pour la présentation de Shabestari, je me réfère à un entretien qu'il a accordé à la revue *Madrese* en 2007.

prend connaissance des œuvres de Karl Barth, Tillich, Bultmann et Schleiermacher. Les sujets inter-religieux attirent son attention et la théologie chrétienne (plus particulièrement protestante), aura un impact sur sa vision des rapports entre religion et modernité. Ce séjour marque sa vie intellectuelle et les textes qu'il rédige sur l'herméneutique religieuse en sont imprégnés.

Shabestari, dans la période post-révolutionnaire, garde des liens avec la pensée philosophique allemande et reste sensible à des thématiques, concernant le rapport inter-religieux.

### Shabestari et la Révolution iranienne

De retour en Iran, à la veille de la révolution, il participe, comme ses homologues à la victoire de la Révolution islamique, en défendant Khomeiny. Dès les mois qui suivent la révolution, il crée la revue « La pensée Islamique », revue qui comportera 15 numéros. En première page du premier numéro, on peut lire : «L'objectif de cette revue n'est pas de proposer, ni d'imposer à la société iranienne, les doctrines et les idées de certaines personnes, mais de créer une tribune publique qui permette de confronter les idées divergentes grâce à des personnes compétentes ». Dans ce numéro le rédacteur en chef, Shabestari avance l'idée selon laquelle, « pensée et réflexion sont très importantes pour la préservation et la continuation de la révolution ». Il met en garde contre l'imprégnation de la foi par le dogmatisme et sensibilise les lecteurs au danger de l'instrumentalisation de la religion, dans le contexte révolutionnaire. Il incite tout un chacun à prendre la parole pour que le meilleur argument prenne le dessus. Plusieurs numéros évoquent différentes élections et on peut facilement y percevoir sa vision de la critique de l'Islam politique. Dans un numéro plus théorique, Shabestari publie un article intitulé « les besoins de l'homme et la compréhension de la Révélation » il y écrit : « La compréhension n'est pas figée, autrement dit, on ne peut trouver de formule qui permette aux hommes de comprendre la Révélation. ». Au moment où tout avait une couleur Islamique enthousiaste, il critique certains termes comme « science Islamique », « économie Islamique » et il défie de trouver, dans le Coran et la tradition quoi que ce soit qui se rapproche d'une économie moderne.

Son expérience et son engagement pour la révolution l'ont conduit à siéger à l'Assemblée islamique. Ceci n'a duré qu'un mandat. Il se retire rapidement de la politique pour se consacrer à la construction de la pensée Islamique et au renouvellement de la théologie Islamique.

## Du théocentrisme à l'humanisme

La victoire de la révolution iranienne et les questions d'actualités auxquelles le nouveau régime est confronté incitent Shabestari à mobiliser sa réflexion sur la pertinence de l'Islam à répondre aux questions concrètes et la place que peut occuper cet Islam dans un monde moderne. Sa lecture, parfaitement ancrée dans les débats de cette époque, semble, au premier regard loin des préoccupations politiques et quotidiennes. À partir de cette période, la vie intellectuelle de Shabestari commence et plusieurs thématiques se dégagent dans ses travaux.

Pour mieux situer l'évolution de la pensée de Shabestari et la diversité de ses travaux, il est possible de les regrouper autour de quatre axes. Un axe autour du rôle que peut jouer l'herméneutique dans la compréhension de la religion musulmane et du Coran. Un autre autour de ce qu'on pourrait appeler une analyse du pouvoir politique, et ses critiques, à l'encontre d'un pouvoir politique qui se dit religieux. Le troisième axe porte sur le lien entre foi et liberté. Enfin, le quatrième axe concerne la démocratie dans le contexte iranien.

### Qu'est-ce que l'herméneutique ? Ou comprendre le texte

Après son expérience politique de député qui n'a duré qu'un mandat non renouvelé, Shabestari se consacre à la pensée religieuse et à la critique de l'appareil religieux. Beaucoup moins prolixe que Soroush ou Kadivar, Shabestari publie quelques livres qui permettent de retracer sa pensée. Ces livres reprennent des interventions orales souvent réécrites par lui-même. L'herméneutique religieuse est un premier pôle important. Sa conception de la nouvelle théologie se dégage ensuite.

Le langage de la pré-révolution est incontestablement marqué par la domination de la pensée marxiste et ses variantes. L'ère des intellectuels religieux engagés dans la révolution en subit une influence déterminante. Elle se situe au confluent des philosophies moderne et post-moderne, de la philosophie de la religion et de l'herméneutique. Shabestari n'utilise pas l'herméneutique philosophique, ni sociologique. L'herméneutique religieuse lui permet de s'opposer à la religion officielle qui prétend détenir toute la vérité. « Herméneutique, Coran et tradition », présente les grandes lignes de sa conception de l'herméneutique. Elle est indissociablement liée, chez lui, à « l'interprétation » et à la « compréhension » des textes. Il définit l'herméneutique, comme l'effort pour comprendre une réalité cachée derrière des textes.

Comment comprendre et interpréter un texte ? Sur quels principes fonder son interprétation ? L'auteur dégage quatre types d'analyses complémentaires comme quatre étapes.

D'abord, **la reconnaissance de la pré-compréhension de l'interprète**. Toute interprétation se fonde sur les connaissances, les prénotions, et les idées de l'interprète. Impossible alors de procéder à une interprétation sans cet éclairage. Ici l'auteur remet en cause une conception répandue, qui interdit d'interpréter le Coran selon ses opinions propres (*tafsiré bé rai*).

Vient ensuite le lien entre **intérêt de l'interprète et connaissance**. Tout effort d'interprétation destiné à connaître le sens caché d'un texte est lié aux intérêts de l'auteur : il est d'ailleurs aisé d'établir une filiation, entre les avis religieux d'un savant, et ses positions, dans la hiérarchie religieuse ou dans la stratification sociale.

Troisième type d'analyse, l'interprète doit avoir une **vision de l'histoire** et s'y référer constamment. Ce trait lui permet de nuancer ses jugements, de saisir et de mettre en perspective, une éventuelle évolution dans la manière de comprendre le texte. Pour Shabestari tout texte se construit autour d'une intuition qui lui donne son unité et ses limites.

Toutes ces précautions concourent à montrer que les savoirs religieux, les avis religieux et toute autre construction religieuse ne sont qu'œuvres humaines et à ce titre peuvent faire l'objet d'une critique. Il est impossible, selon Shabestari, d'atteindre le sens exact des textes sans une vision de l'histoire, des sciences et des savoirs nouveaux.

### La nouvelle théologie

Elle se distingue de la « *théologie classique* » habituellement nommée « *Kalam* ». Depuis le 19$^{e}$ siècle, en effet, la tradition théologique cesse d'être déductive, pour affronter les questions posées par la science ou la civilisation du temps. Shabestari propose une distinction entre les théologies classique et moderne. Il met l'accent sur la manière dont la pensée religieuse doit intégrer les acquis de la modernité.

Avant d'analyser la définition donnée par l'auteur de cette nouvelle discipline, précisons son point de rupture avec la théologie classique. Il fonde sa vision sur l'histoire des origines, et laisse entrevoir ainsi son esprit de la théologie.

Selon lui, la théologie se définit comme « science de la connaissance de Dieu ». Il est difficile de déterminer, avec précision, la naissance de cette science. Dans son livre sur l'histoire de l'Islam, Sabrina Mervin remarque qu' « Il est difficile de dater précisément l'apparition des écoles de théologie et de délimiter leurs positions respectives avant la seconde moitié du 8e siècle ». Elle présente alors trois facteurs de développement de la théologie musulmane : les dissensions politiques apparues avec la lutte pour le califat, en 656, après le meurtre de Uthmân ; la confrontation à d'autres religions, mais aussi à la philosophie grecque, qui influence l'élaboration ultérieure de la pensée Islamique ; puis, dans une moindre mesure, les débats doctrinaux contre la zandaqa, qui fut une forme de libre pensée inspirée du manichéisme et du mazdéisme »[124].

Il semble difficile de mesurer l'impact des différentes tendances et écoles au sein de la tradition théologique Islamique, de tracer de nettes frontières entre tendances et écoles. Dans son texte sur « *Le kalâm et sa critique* », Louis Gardet présente trois tendances dans la tradition théologique:

D'abord les Quadrites, qui reconnaissent à l'homme une entière détermination (*qadr*) sur ses actes.

Ensuite, les Jabrites, partisans du *Jabre*, (*la contrainte divine*), pour qui, Dieu a créé les actes de l'homme, bons ou mauvais. Rien ne provient du sujet qui les accomplit.

Enfin les Murji'ites, qui font une distinction entre grandes et petites fautes. Selon eux, la grande faute ne fait pas perdre la foi. Le sort du pêcheur, qui ne sera connu qu'après un temps d'attente (*irji*), appartiendra en dernier recours au seul libre à vérifier arbitre de Dieu[125].

124- Mervin S., *Histoire de l'Islam Fondements et doctrines*, Paris, Flammarion, 2002, p. 86.

125- Bouamrane C. & Gardet L., *Panorama de la pensée Islamique*, Sindbad,

Ces trois tendances sont à l'origine des deux grandes écoles théologiques en Islam : le *mu'tazilisme* et l'*ash'arisme*.

Shabestari, en dépassant la théologie classique, qu'il appelle traditionnelle, défend une autre vision de la théologie, qu'il appelle moderne. L'ambition principale de cette nouvelle théologie est d'intégrer les données modernes à la compréhension du texte Coranique, apportant ainsi des réponses aux nouvelles questions imposées à la pensée religieuse.

Lorsqu'il se penche sur les fonctions de la théologie, *« elm Kalam » (science de la parole entendue)*, il opère de la même manière et décrit trois fonctions principales de la théologie musulmane[126] :

1. Définir et clarifier les principes fondamentaux et les piliers de l'Islam. Si la foi reste le premier des critères d'appartenance à la communauté musulmane, il faut élaborer d'autres critères pour définir la spécificité de la croyance religieuse, et ce en quoi elle se distingue d'autres croyances.
2. Justifier des croyances religieuses. La foi comme acceptation des « piliers de l'Islam » ne suffit plus : il faut prouver, justifier, légitimer ces « piliers ».
3. Répondre aux critiques formulées à l'encontre de l'Islam et de ses principes.[127] Cette fonction, selon l'auteur, est assez traditionnelle.

Shabestari remarque, que cette théologie se trouve en position défensive et apologétique : il ne s'agit pas de participer ni de contribuer au débat, ou à l'évolution des sciences, mais plutôt de « répondre aux attaques ».

revue *Pouvoir n*° 104, 1991, p. 38.

126- Shabestari M., « *Herméneutique, ketab va sonat* », (Herméneutique, le Coran et la tradition), Téhéran, éd., Tarhé now, 1996, p. 168-170.

127- Soroush A., *« Ghabzo basth théorique chaiat»*(Contraction et dilatation théorique de la *charia*), Téhéran, éd., Serat, 2003, p. 13.

Cette vision défensive, partagée par certains réformistes, est partiellement incarnée par Motahhari, qui reproche volontiers, à ses interlocuteurs de ne pas avoir tenu compte de toute la tradition, voire de ne pas la connaître.

Face à la théologie classique, Shabestari se situe à l'intérieur d'une autre tendance appelée la nouvelle théologie

> *« Parler de nouvelle théologie prend toute sa signification, dès qu'on accepte qu'il y a eu, en Occident, depuis quatre siècles, de nouvelles idées et de nouvelles philosophies. Ce n'est qu'à partir de la reconnaissance de ce fait qu'on peut discuter de nouvelle théologie. »*[128]

Pour développer son argumentaire, il se réfère au développement de nombreuses disciplines et montre comment l'évolution de la science, de la philosophie, bouleverse notre représentation du monde, de l'autre et de nous-mêmes. Deux attitudes sont perceptibles devant les nouveaux champs de connaissances. Il donne des exemples très parlants :

> *« Face à cette révolution (scientifique, technologique) qui fonde la modernité, les croyants se sont trouvés devant de nouvelles questions et deux tendances sont apparues : la première considère que ces changements et cette évolution ne sont en rien positifs, mais plutôt catastrophiques. La deuxième tendance prend au sérieux cette évolution et ses partisans éprouvent la nécessité de s'approprier de nouveaux éléments et de nouveaux outils pour comprendre cette évolution et s'y confronter. La Nouvelle théologie prend tout son sens au cœur de cette deuxième tendance qui s'appuie sur la nouvelle philosophie pour défendre la religion. »*[129]

Le rapport entre science et religion change. Pour Shabestari, la science lance un défi à la pensée religieuse. La révolution scientifique bouleverse nos représentations du monde et la perception de notre place dans l'univers. Les théologiens se trouvent confrontés à

.........................

128- Shabestari M., *« Herméneutique, ketab va sonat »* (Herméneutique, le Coran et la tradition), Téhéran, éd., Tarhé now, 1996, p. 209.

129- Shabestari M., *Idem*, p. 211-212.

des problèmes auxquels ils n'avaient pas pensé. Autre défi pour la nouvelle théologie : la position de la religion par rapport aux droits humains. Le passage du théocentrisme vers l'humanisme modifie le rapport entre Créateur et créature, et invite à repenser le rapport de l'homme à la transcendance. Enfin, pour Shabestari toujours, les critiques concernant l'esclavage, le droit des femmes, les droits des non-musulmans, le droit des travailleurs demandent à être approfondies et intégrées à cette nouvelle théologie. Prendre en compte l'évolution des sciences modernes, des thématiques nouvelles issues de la modernité occidentale, implique cette nouvelle théologie dans d'autres types de réflexions et lance un défi à la pensée Islamique.[130]

Ce défi pour lui n'est pas qu'intellectuel. Il découvre un humanisme, centré sur une éthique de liberté de l'homme. L'homme responsable face au réel l'intéresse. Interrogé sur les thèmes qui méritent des recherches de la pensée chiite contemporaine, il répond par un premier thème, tout à fait étranger à la philosophie classique : le politique :

> *« La première question, celle de philosophie politique chiite, touche à la conduite de la communauté musulmane après la mort du Prophète. Imam Ali avait une représentation spécifique de la direction de la communauté et les chiites se la sont appropriés. Ali ne souhaitait pas à tout prix le pouvoir et ne voulait gouverner qu'en préservant les valeurs humaines fondamentales. Il est resté 25 ans en marge du pouvoir, car il savait qu'il ne pourrait pas mettre en application ces valeurs. Dans le chiisme seuls le Coran, la tradition, la raison et le temps sont recevables pour déterminer ce qui est obligatoire pour les musulmans. Il est donc évident qu'on ne peut couvrir de sacralité nos propres jugements et nos modes de raisonnements pour les rendre obligatoires. »*[131]

.........................

130- Shabestari M., *« Kalamé jadides ghalamro shariat »* (Nouvelle théologie le domaine territoire de la *charia*) in *« Herméneutique,ketan va sonat »*, (Herméneutique, le Coran et la tradition), Téhéran, éd., Tarhé now, 1996, p. 215-225

131- Shabestari M. (1996), *Idem*, p. 221-224.

Comme d'autres intellectuels de la période post-révolutionnaire, il place l'indétermination au centre de son projet. Celle-ci est créatrice de liberté, c'est une sorte d'autorisation de s'aventurer sans crainte d'une autorité qui se donnerait le droit d'interdire « au nom de Dieu ».

### La foi à l'épreuve de la liberté

Pour Shabestari, la thématique de la foi garde sa place dans des sociétés modernes et retient toute son attention. Il l'aborde en relation avec la notion de liberté humaine et s'efforce de répondre à cette question : « Comment vivre notre religion dans un monde qui fait reculer, de plus en plus, toute expression religieuse ? » Pour répondre à cette question, Shabestari met en tension la foi religieuse et la liberté humaine.

Qu'est que la foi ? Comment la définir ? Qu'est ce qui la caractérise ? En quoi se distingue-t-elle de « la croyance » et des « opinions religieuses » ? Quelle est la nature de toute religion ? C'est au travers de cette problématique, qu'il élabore sa réflexion sur le lien entre foi religieuse et liberté humaine.

Pour mieux situer la place de la foi dans la tradition Islamique, il resitue cette thématique dans l'histoire de l'Islam et repère, dans les écoles théologiques, trois points de vue qui marquent trois orientations :

Le premier, soutenu par les *ashari,* voit la vérité de la foi dans l'affirmation de l'existence de Dieu, de son Prophète et de ses dits. Cette affirmation ne relève pas d'une recherche théorique ou d'investigations philosophiques, mais d'une affirmation avec ce que cela comporte d'engagement.

Le deuxième, celui des *mutazilites*, place la foi dans *l'agir selon son devoir (amal bé taklif va vaziféh).* Affirmer l'existence de Dieu et de son Prophète implique de respecter le « permis » et

« l'interdit ». Il ne s'agit pas de proclamer des principes, mais de se donner les moyens de les réaliser.

Le troisième point de vue, l'école des philosophes théologiens, mesure la vérité de la foi à la connaissance philosophique des réalités de ce monde.[132]

Ce qui unit ces trois positions est le rapport entre le croyant et la transcendance. Ces trois tendances définissent la foi comme une chose qu'il n'est possible d'acquérir que par le Prophète. Il ne faut pas chercher la vérité d'une religion dans des arguments, scientifiques ou philosophiques, mais dans un rapport avec le sacré. Pour justifier sa position, il se réfère aux mystiques, pour qui l'essence de la foi est de « se tourner vers Dieu en se détournant de toute autre chose ».

> *« La foi telle que je l'entends ne peut être une simple idée, une doctrine, une certitude. Elle ne peut pas être non plus science ou philosophie. Comment donc la définir ? C'est une sorte d' « agir » qui place le croyant fini en situation de face à face avec la transcendance ; elle se fonde sur « la confiance », « l'amour », « le sentiment de sécurité ». C'est cette relation directe entre l'être fini et Dieu infini qui détermine la relation. C'est pourquoi la foi est un acte volontaire fondé sur la liberté humaine. On ne peut contraindre quelqu'un à la foi et on ne peut pas l'appeler à « imiter. »*[133]

Quand l'auteur délimite le champ de la foi religieuse, et place au cœur de celle-ci le rapport entre le croyant et la transcendance, il refuse d'y voir l'apprentissage d'une simple expérience de l'absolu, purement subjective. La prédilection pour la religion, perçue fondamentalement comme relation, est l'un des fondements du discours de Shabestari.

........................

132- Shabestari M., *« Iman va azadi »* (La Foi et la liberté), Téhéran, éd., Tarhé now, 1997, chapitre 1, p. 11-22.
133- *Idem,* p. 37.

Il insiste souvent sur la liberté de l'Homme dans l'exercice de la foi et dit qu'on ne peut contraindre quelqu'un à avoir la foi, qu'on ne peut pas l'appeler à « imiter » la foi de l'autre. La foi ne peut être imposée, par un pouvoir, ni par une puissance religieuse, mais par la seule expérience intime du croyant dans son rapport à la transcendance. Pour lui, tout système politique doit créer les conditions favorables à l'exercice libre de la foi.

> *« Toute culture dans laquelle la foi n'est rien d'autre qu'une imitation ou soumission ; toute culture dans laquelle le Dieu s'est transformé en sujet de persécution et d'omnipotence et où il est impossible d'établir avec lui une relation entre un « je » et un « tu », cette culture détruit de la foi. Il est donc évident que la foi ne peut être compatible avec n'importe quel ordre social ou culturel. »*[134]

S'il dénie à un régime le droit d'empêcher la foi, il interdit aussi à tout pouvoir politique le droit de définir la foi. Il rejette l'idée que le pouvoir politique puisse intervenir dans le domaine des croyances et de la foi.

## La critique de l'Islam politique et de la version officielle de l'Islam

La réflexion sur une foi, liée à la liberté de l'Homme, conduit Shabestari à critiquer la théorie, mais également la pratique de l'État islamique iranien. Sa conception est synthétisée dans un livre intitulé « Critique de la lecture officielle de la religion : crises, défis et solutions ». Il remet en cause, directement, les gardiens de la tradition Islamique et leur prétention à monopoliser l'interprétation de l'Islam.[135] Ce livre reprend plusieurs articles et tente de décrire la manière dont s'est installée cette version religieuse officielle.

.........................

134- Shabéstari M., *Op.cit.*, 41.

135- Shabéstari M., *« Naghdi bar gharaate rassmi az din, bohranha, chaleshha, rahhalha »*, (La critique de la lecture officielle de la religion, crises et défis et solutions), Téhéran, éd., Tarhé now, 2000.

La notion d'un État islamique, est un corollaire de la naissance du régime iranien, qui fonde sa légitimité sur le droit Islamique et prétend détenir la vérité en matière de religion et de politique. Les partisans de cette lecture considèrent l'Islam comme un système immuable et éternel. Pour eux, la forme du gouvernement résulte du seul Coran et de la tradition ; la mission de l'État Islamique est de faire appliquer la *charia*.

Pour Shabestari, une telle lecture de l'Islam n'est pas acceptable par la raison humaine car elle souffre de trois insuffisances :

- Premièrement, prétendre que tout est dans le Coran est en conflit évident avec le processus démocratique et tend à éliminer le peuple de la participation politique.

- Deuxièmement, sous prétexte que la mission du gouvernement est l'application de la *charia*, toute pensée critique peut faire l'objet de violence par l'État. La remise en cause de la *charia* entraine toutes sortes de violences contre les jeunes, les femmes, les penseurs, les artistes, et les universitaires « *qui pensent autrement* » *(degharandish).*

- Troisièmement, cette lecture officielle n'a de légitimité et de validité pour aucun homme de raison, car ses fondements philosophiques sont discrédités.[136]

Les partisans de cette lecture oublient ou ignorent la complexité des controverses, sur la compréhension et l'interprétation du texte, proposées par l'herméneutique. La lecture officielle réduit donc tout à une interprétation littérale, et laisse de coté les méthodes philosophiques et théologiques indispensables à la compréhension du texte coranique.[137]

Shabestari revient sur l'expérience de la révolution iranienne, pour décrire la généalogie de cette lecture officielle de l'Islam.

........................

136- Shabéstari M., *Op.cit.* p. 30-31.

137- Shabestari M., *Idem*, p. 38-39.

L'Islam au pouvoir fonde sa légitimité sur l'idée selon laquelle le peuple iranien souhaite vivre selon les principes Islamiques, et que la mission d'un gouvernement découle des préceptes religieux.

Pour Shabestari, une telle conception de l'Islam est basée sur quelques principes qui ne sont pas acceptables par la raison humaine :

Le **principe de l'unicité de source**. Une seule source de connaissance est ici utilisée : le savoir religieux. Celui-ci, restrictif, arrêterait même, sa religion au seul droit musulman.

Le **principe anhistorique de la naissance et de l'évolution de la religion Islamique**. Cette conception, qui prétend appliquer radicalement les prescriptions du Prophète, est intemporelle. Elle ne tient compte ni des changements de contexte, ni de l'évolution de cette religion issue de sa culture ou des circonstances.

Le **principe de la validité d'une interprétation unique**. La lecture officielle suppose encore qu'une version unique de l'Islam soit possible. Elle implique, par la même occasion, la reconnaissance des *fogha* comme seuls détenteurs de l'interprétation légitime.

## Démocratie : de l'Islam ? Ou des musulmans ?

La problématique de la démocratie dans le contexte des pays musulmans est présente dans les travaux de Shabestari. Soucieux d'un équilibre entre savoir moderne, foi religieuse, et nécessité d'un contexte favorable au libre exercice de la foi, il cherche à proposer une réflexion sur le rapport entre la démocratie et la religion. Il étudie cette question dans le cadre global du lien entre religion et politique qui doit déterminer les domaines d'intervention du pouvoir et de l'organisation politique. Comme beaucoup de chercheurs, il distingue deux visions de l'Islam dans son rapport à la politique.

Une vision totalitaire. Elle prétend que Dieu, par ses Prophètes, fournit le cadre et les mécanismes qui permettent de vivre ici bas. Les sciences politiques et sociales sont inutiles : le Coran et la tradition possèdent toutes les réponses. Cette vision ne laisse aucune place aux découvertes humaines, et le seul travail possible se cantonne à extraire des textes sacrés une réponse à chaque question. Ici, ni démocratie, ni droits de l'homme, ni liberté : l'Islam répond à tout.

Une autre vision soutient que les réponses aux questions de société ne sont pas, a priori, déterminées. Dieu n'a pas répondu à tout, et les institutions modernes, qui relèvent d'une compétence humaine, peuvent apporter de vraies réponses. Il revient alors à tout citoyen de participer à la fondation, à l'organisation et au travail d'institutionnalisation de la cité. L'homme, doué de conscience, met en place ce qu'il faut pour répondre à ses besoins. Le deuxième postulat voit dans les institutions modernes des inventions humaines. La capacité créatrice de l'homme s'y exerce. Dès lors, on peut parler de la démocratie comme d'un fait.

Sa conception de la démocratie et de ses institutions concernant la religion, connait deux principes de base :

- La liberté permet à tout membre d'une société de choisir sa religion, et c'est à l'État d'en garantir le libre exercice.

- L'égalité rejette toute discrimination. Le gouvernement démocratique se fonde sur ce principe. Shabestari évoque alors des inégalités existantes en religion musulmane ; inutile de chercher les fondements de la démocratie dans le Coran. Cette entreprise est vouée à l'échec.

Shabestari se demande si l'application des principes religieux dépend des contextes ou s'ils peuvent être appliqués toujours et partout, sans tenir compte des « capacités », des « nécessités », des « réalités », des « possibilités » ou des « aleas » inhérents à chaque situation. Il montre la complexité de la réponse en termes de principes généraux et de leurs applications concrètes. Par exemple, le principe de la justice est une chose ; la mise œuvre de dispositifs politiques, juridiques et économiques pour réaliser plus de justice en est une autre.

Il déplore l'application de certains principes religieux qui ont perdu leur valeur universelle et sont en contradiction avec le principe de justice. Défenseur inconditionnel d'un régime démocratique dans un contexte Islamique, il s'attaque aux tenants de la version officielle incarnée par des figures comme Mesbâh Yazdi ou Amolli en les mettant devant un dilemme :

> *« Les opposants à la démocratie s'interrogent : « si le vote populaire entre en conflit avec un ordre divin, lequel est le plus important ? ». La réponse à cette question comprend deux parties : D'abord, d'un point de vue théologique et doctrinal, le musulman a le devoir de privilégier l'ordre divin. »*

La deuxième partie de cette question se formule ainsi :

> *« Supposons qu'un jour les Iraniens, majoritairement musulmans, ne veuillent plus appliquer les lois religieuses et que ce refus se fasse en sachant qu'il s'agit de lois religieuses. Il faudrait affirmer alors, que, de ce jour, les Iraniens ont abandonné l'Islam et que personne n'y pourra rien. »*[138]

Ainsi, l'auteur fonde la loi sur la seule adhésion du peuple et considère que l'application de préceptes divins dépend de leur acceptation par le peuple. Toute loi qui n'est pas partagée par la majorité devient caduque. Shabestari argumente ainsi la nécessité d'un pouvoir démocratique, accepté par la majorité, respectueux de la liberté des citoyens et favorisant le libre exercice de la foi.

Pour l'auteur, la complexité des sociétés humaines nous interdit l'application de la *charia* toujours et en tous lieux. L'une des raisons de la violence en pays musulmans provient, selon lui,

........................

138- Shabestari M., *Op.cit.*, p. 112.

de la manière dont le texte religieux est interprété. Le pouvoir politique en place justifie la violence, la répression dans une lecture unilatérale du texte coranique. Il invite les dirigeants de l'Iran à accepter le principe du suffrage universel et à se soumettre à la volonté du peuple.

> *« Si un jour les dirigeants de notre pays se révèlent inaptes à mener, selon des règles démocratiques, un combat politique contre des opposants; - et qu'ils se montrent incapables de guider et diriger le peuple iranien pour qu'il reste fidèle à sa religion; - la source de cette impuissance et de cette peur est à découvrir dans l'incapacité de nos dirigeants et pas ailleurs. »*[139]

Ainsi la démocratie n'est ni Islamique ni anti-Islamique. Elle n'est qu'une forme de gouvernement, une modalité de gestion de l'espace public et politique. Il ne s'agit pas de soutenir une démocratie Islamique, mais de soutenir une démocratie de musulmans. Cela signifie une démocratie fondée sur la liberté et l'égalité, les musulmans pouvant y vivre et y mettre en pratique leur foi. Inutile de chercher dans le Coran ou dans la tradition les fondements d'une démocratie quelconque. La défense rationnelle de cette forme de gouvernement qui s'oppose à tout totalitarisme, est préférable à toute dictature, de quelque nature qu'elle soit. Il rejette la possibilité d'une quelconque théocratie et remet en cause la possibilité de fonder un gouvernement religieux.

> *« L'auteur de ces lignes pense qu'aucune religion ne prescrit une forme particulière du gouvernement. Cette règle est aussi valable pour l'Islam. Le Prophète, en matière de gouvernement, suivait les règles de son temps et n'était en rien fondateur d'une forme spécifique de pouvoir. Ce que nous trouvons dans les principes d'inégalité, entre croyants et non-croyants, entre hommes et femmes, contenus dans le Coran, la tradition et les fatwas des foqhah, est lié aux contextes sociaux et historiques de l'époque. Il est tout à fait loisible aujourd'hui de penser autrement.*[140]. »

139- Shabestari M., *Op.cit.*, p. 113.
140- Shabestari M., *Op.cit*, p. 150.

Il récuse toute possibilité d'extraire des principes d'organisation de vie musulmane, par un recours au texte sacré ou par des principes religieux. Il incite les musulmans à accepter les principes fondateurs des sociétés modernes pour vivre en harmonie avec leur temps. Il n'est pas insensible au fait que les formes démocratiques favorisent l'expansion d'une nouvelle religiosité fondée sur une expérience personnelle de la transcendance. La démocratie, chez lui, est peut-être la clef de voûte de sa vision parce qu'elle va de paire avec la liberté. Il reconnait le conflit entre le monde musulman et l'Occident mais reste optimiste pour une solution permettant aux musulmans de se réconcilier avec la modernité.

> *« Je ne nie pas les grandes difficultés que les musulmans ont avec la modernité, mais résoudre ces difficultés et ces conflits semble possible si on se fonde sur une lecture phénoménologique de la naissance de l'Islam. Dans la perspective phénoménologique, chaque événement est vu dans son contexte historique, ce qui permet de distinguer ce qui relève de l'histoire. Je ne vois aucune difficulté à appliquer cette méthode à l'Islam. »*[141]

## Conclusion

Dans la configuration du champ intellectuel iranien, Shabestari occupe une place à part. Shariati voulait mobiliser l'homme à tout prix, unifier les tentatives humaines dans une action, qui, finalement, au prix de quelques contorsions, trouverait peut-être sa réalisation dans une cosmologie qui renouvellerait la face de Dieu. Soroush marque la distance, entre l'homme et le divin. L'incapacité de l'homme à participer totalement à la grandeur du divin, laisse place à l'autonomie de la démarche humaine. Marchant consciemment sur ces brisées, Shabestari reprend ces notions de liberté humaine, et de distance entre Dieu et l'homme. Mais, se positionnant comme croyant et théologien, son terrain

141- Shabestari M., *« Taamolati dar gharaaté ensani az dine »* (Réflexions à propos d'une lecture humaine de la religion, Téhéran, éd., Tarhé now, 2005, p. 56.

d'investigation diffère, et il s'adresse à des croyants soucieux de mieux vivre et comprendre leur foi. Shabestari se place à l'intérieur de la foi et incite le croyant à vivre pleinement et le monde de Dieu et le monde des hommes. Il étaye le droit du croyant d'être, sans contradiction, intellectuel et religieux : homme de Dieu et homme parmi les hommes.

Shabestari n'aura pas le succès de Soroush dans le débat public et ses prises de position contre le pouvoir en place restent dans la limite de l'acceptable par le régime iranien. Plutôt que de s'engager dans la politique, il fait le choix de consacrer sa vie intellectuelle à reconstruire une pensée religieuse riche et complexe. Il défend la modernité, la liberté, la légitimité de choix, le droit à la tradition. Dès lors, sans renier son passé, il creuse son chemin avec fidélité et pose un regard distancié sur son passé :

> *« Je ne regrette pas de m'être consacré à la théologie. J'ai commencé par la théologie et suis arrivé aux sciences religieuses, dépassant cela ensuite. Si je devais me définir, je me verrais comme interprète des textes religieux. Je ne suis, ni théologien, ni spécialiste en sciences religieuses. »*[142]

Shabestari mène aujourd'hui une vie marginale et est en conflit théorique avec les tenants du pouvoir, car pour lui, la société religieuse n'est pas celle où la pensée ou les idées de quelques-uns sont homologuées au nom de la religion, au point de rendre toute critique impossible.[143]

Pour Shabestari, le cœur de la religion musulmane se doit, avant tout, de dévoiler ce qu'on appelle les *sherk, (les tentations polythéistes de créer de nombreux faux dieux)*, et de défendre l'unicité de Dieu. Pour le croyant, la Prophétie est close, la Révélation est arrivée en plénitude. La mission prophétique reste à réaliser, et chaque croyant se doit de dépoussiérer en lui, le visage du divin.[144] La

142- Revue *Madreseh.*

143- Shabestari M., *Lecture humaine*, 2005, p. 76.

144- Shabestari M., *Foi et liberté*, p. 29.

foi de Shabestari n'est pas une profession apprise par cœur. C'est une expérience religieuse qui s'enrichit avec le temps. Le chemin à parcourir ne le décourage pas, car cette quête personnelle, sans limite, est constamment ouverte sur l'avenir.

> *« La foi était dans ma main, et je la tenais très fort pour ne pas la perdre. Mais soudain ma main s'est ouverte et la foi s'est envolée. Mes mains sont toujours ouvertes dans une quête et la foi n'est autre chose que cette quête perpétuelle. »*

# Qu'est-ce que l'intellectuel religieux ?

*« Comme dans notre société, toute personne qui parle de « rationalité » est considérée comme un « intellectuel », et toute personne qui parle de « spiritualité » est vue comme « religieuse », quelqu'un qui parle à la fois de « rationalité » et de « spiritualité » est inévitablement qualifié d' « intellectuel religieux. »*

Mostafa Malékian

La perspective donnée par Malékian part d'une opposition binaire entre l'intellectuel et le spirituel, mais ouvre une possible réflexion sur une réalité dans la société iranienne, qu'on pourrait qualifier d'« intellectuel religieux ». Cette figure, née dans la deuxième moitié du XX^e^ siècle, se trouve ainsi liée à une conjoncture brièvement analysée par Farhad Khosrokhavar dans son livre *Anthropologie de la révolution iranienne* :

> *« Comme dans toute révolution, celle de l'Iran est le résultat d'une conjoncture politique et de la modernisation mentale et matérielle de la société, et va sur une plus longue durée. »*[145]

Cette définition lie, à l'intérieur d'un processus, la conjoncture politique et les processus mentaux et matériels, avec toutes les tensions historiques sous-jacentes. C'est dans ce contexte que

145- Khosrokhavar F., *Anthropologie de la révolution iranienne*, L'Harmattan, 1997, p. 253.

naissent ces individus qui se définissent eux-mêmes comme intellectuels, ceux d'entre eux qui se disent à la fois intellectuels et religieux, se démarquent en deux groupes majoritaires : une intelligentzia, marquée par un laïcisme anti religieux, issu des lumières ou du marxisme ; un clergé traditionnel, gardien d'une tradition en décalage avec la réalité sociale, politique et culturelle du pays. C'est dans un tel contexte que les intellectuels religieux tentent de construire leur discours propre. Ils souhaitent un Islam qui tienne compte de cette modernité, qui se réalise aux yeux de tous, et qui modèle les esprits de chacun. D'où un rapport ambivalent entre le clergé et l'intellectuel religieux, autour de la direction des esprits. De manière latente ou directe, ce rapport conflictuel, va occuper une position centrale dans les débats iraniens pré révolutionnaires et post-révolutionnaires.

## La naissance de l'intellectuel religieux en Iran

La définition de Malékian situe la notion de l'intellectuel religieux dans la période qui entoure directement la révolution iranienne. Un rappel historique semble indispensable pour comprendre les conditions de l'émergence de cette figure de la conscience religieuse. La confrontation avec la modernité est un point clé pour comprendre la naissance du mouvement réformiste en général, ainsi que l'apparition des intellectuels dans le contexte musulman. Cette confrontation des sociétés musulmanes à la modernité occidentale se situe dans la deuxième moitié du XIX^e^ siècle et au début du XX^e^ siècle. Les historiens évoquent facilement deux périodes importantes : un mouvement de réforme de la société et de la pensée a touché de nombreux pays musulmans (Algérie, Égypte, Iran, Afghanistan…) dès la deuxième moitié du XIX^e^ siècle. Quelques penseurs réformistes musulmans, autour d'Abdou et de Djemâl ad-Dîn al-Afghâni, jouent un rôle déterminant dans le réveil du monde musulman. Quelques réformateurs exercent une partie de leur activité intellectuelle à Paris, mais ont un engagement politique. Ce n'est pas un hasard si un journal aussi prestigieux que « *le journal des débats* » a ouvert ses colonnes à l'un d'entre eux dans une polémique célèbre contre une intervention de Renan à la Sorbonne. En Iran, une autre date marque la confrontation entre modernité et tradition. Elle va se jouer autour de la révolution constitutionnaliste du début du XX^e siècle.

L'époque qui précède la révolution iranienne est bien évidemment d'une autre nature. La jeunesse dont la place est si considérable dans la société urbaine naissante, est le fruit du développement de la scolarisation. L'opposition « Est-Ouest » est particulièrement vivace en Iran, l'opposition « Nord-Sud » et le tiers-mondisme sont aussi une dimension importante, comme l'a montré la trajectoire de Shariati. Dans ce cadre la vie intellectuelle, est liée au marxisme. Des organisations politiques et des cercles de réflexions se réclament de ses diverses dissidences. Des années 40 à la Révolution iranienne, les intellectuels y adhèrent de plus en plus et diffusent les idées socialistes, la littérature communiste, et de nouveaux modèles d'organisation politique et économique. Le *Parti Communiste Iranien* est le port d'attache privilégié des intellectuels ; une certaine « gauche » y marque pourtant sa différence et sa distance, par rapport au communisme soviétique. Toute la gauche reste cependant fascinée par la révolution russe, les modes d'action du léninisme et du stalinisme. Les tenants du marxisme tiennent le haut du pavé dans l'espace universitaire, et proposent leurs idées dans un langage moderne, accessible aux jeunes. Ce mouvement s'appuie sur des souffrances nationales repérables où interfèrent le nationalisme, le refus de la dictature, la haine d'un impérialisme américain très présent. La revendication identitaire se mêle à la fascination d'héritages occidentaux.

Dans cette revendication identitaire, la religion musulmane a une forte importance. L'Iran vient de subir une urbanisation et une modernisation accélérées, mais la religion musulmane reste celle de l'extrême majorité de la population. Bazargan et Motahhari ont été sensibles à la nécessité de la modernisation d'une institution, dont la puissance est assez remarquable. Au cours du 20e siècle, les brouilles entre clergé et politique furent nombreuses (Révolution constitutionnaliste, mouvement de la nationalisation du pétrole, mouvement de contestation de 1963, et bien sûr, Révolution islamique). Les intellectuels, (laïcs ou religieux), y eurent peu de place. Quand, contre la monarchie, une alliance s'est nouée entre intellectuels et clergé (1907, 1953, 1978), le clergé a vite trouvé sa place au côté des défenseurs de l'ordre établi. Lors de la Révolution islamique, il incarne seul l'ordre et se donne comme seule alternative à la royauté. Dans les trois cas, les intellectuels, de tous bords, se sont tus.[146.] Cette vision rétrospective est importante pour relativiser leur place dans la société. Il reste que, si la Révolution s'est faite, c'est avec le poids écrasant de la religion institutionnelle.

Quand on parle des « intellectuels religieux », il faut se souvenir de cette réalité. Lorsque le régime iranien se libéralise, le groupe des « intellectuels religieux » prend une consistance et a un poids social suffisant pour se revendiquer comme une force réelle. Il le fait en marquant nettement sa différence par rapport à la hiérarchie et aux institutionnels. Il le fait aussi en se démarquant de l'intellectualisme. Concernant les orientations théoriques, en effet les intellectuels religieux ne se réclament pas de la philosophie, ni de la recherche en sciences sociales, mais se placent délibérément au cœur de leur religion, quels que soient leurs diplômes ou leurs postes dans la vie civile. À côté des clercs,

........................

146- Khosrokhavar F. et Roy O., *Comment sortir d'une révolution religieuse*, Seuil, 1999, p. 255. Pour le rôle des intellectuels dans l'ascension de Khomeiny, voir Chaqueri (Cosroe), « Sur les intellectuels iraniens et l'ascension du Khomeinysme en Iran », revue *Sou'al*, n° 5, 1985.

ils ont une existence autonome. Leur position de croyants prétend nourrir l'activité de foi d'autres croyants. Ils deviennent alors des leaders, et leurs positions de leaders récusent la prétention du clergé à diriger intégralement la vie religieuse du pays.

Le concept de l'intellectuel religieux a fait l'objet de critique comme en témoignent les travaux de Râmin Djahanbaglou.[147] La position de Soroush reste forte, et se démarque autant de l'intellectualisme critique, que du discours religieux institutionnel clérical.

> *« Intellectuel religieux » n'est nullement une expression contradictoire et ne désigne pas un religieux sans religion. L'intellectuel religieux est conscient du monde non religieux, C'est un religieux de son temps, qui connait sa religion, décidé à reconstruire la connaissance religieuse et à la comprendre dans cette géographie épistémologique renouvelable de l'homme, un impatient pour innover, orienter, mettre en lumière, mener une lutte culturelle et intellectuelle ... En un mot, l'intellectuel religieux est celui qui, comme le médecin, émet des idées sur la religion, voit en elle un point de repère puissant et s'efforce de la renouveler sans cesse. »*[148]

## Clerc et intellectuel. Leurs situations respectives

Dès lors, il semble possible de mieux situer les relations respectives des clercs et des intellectuels religieux. Leurs points communs ont bien été vus par Olivier Roy, qui montre la parenté de ces deux groupes.[149] Il met en évidence comment ces hommes qui se réfèrent à la même foi, au même Coran, à la même histoire théologique, philosophique et littéraire, ont un attachement

........................

147- Djahanbaglou R, *Beiyn-e gozashteh va Âyandeh* [Entre passé et futur], Téhéran, éd., Nachré Ney, 2005, p. 215.

148- Soroush A., *« Kârnâmey-e rowchanfekri-e dini »* [Bilan de l'intellectualisme religieux], in. Site officiel des œuvres Abdolkarim Soroush, [en ligne]. [Réf. du 28 mars 2008], disponible sur: http://www.drsoroush.com

149- Roy O., « Bricoleurs de la culture en monde musulman », *Esprit* 8-9 août-septembre, 1987.

à la tradition chiite. Ils croient en l'universalité de leur foi, à sa transmission par la parole. Et pourtant, ils n'appartiennent pas au même monde. La vision des clercs est marquée par une philosophie et une théologie traditionnelles, volontiers déductives, qui tiennent pour inamovibles de nombreux principes qui la fonde. Ils définissent, de manière assez rigide, les rapports que le musulman doit entretenir avec le monde et les hommes. Face à cette démarche, les intellectuels puisent leurs arguments dans les sciences exactes, sociales ou dans la philosophie moderne. Ils récusent cette manière rigide de définir, a priori, les rôles de chacun. Certains critères peuvent mettre l'accent sur un clivage entre le clergé et les intellectuels. Ces divergences demandent à être développées et n'ont de valeur qu'heuristique.

### La tradition de leur enseignement

Les intellectuels religieux fondent leur argument dans un travail de déconstruction de la tradition et de la modernité. La référence à la tradition existe, mais est secondaire. La tendance consiste à ne pas utiliser l'argument d'autorité, mais la force de conviction d'une logique partagée. Les intellectuels religieux se réfèrent aux différentes sciences pour soutenir une vision de l'Islam, compatible avec les valeurs de la modernité.

La conception sociale du statut hiérarchique n'est pas la même. La formule traditionnelle affirme, et le Clerc est considéré comme « celui qui sait ». Sa position statutaire peut engendrer une tendance à préférer l'injonction à une force propositionnelle. Les « intellectuels religieux » vivent en milieu laïc et ont davantage l'habitude de tenir des propos qui sont « par essence » discutables.

Quelques clercs minoritaires passent aujourd'hui par l'université. Il arrive que certains d'entre eux, qui ont fait des études, les utilisent comme une preuve de plus de leurs droits à user de l'argument d'autorité.[150] Shabestari est un des rares à posséder un titre lui permettant de ne pas justifier ces assertions. Il n'utilise pas son statut hiérarchique, ni son titre universitaire pour justifier ses arguments. Il tient à garder un discours propositionnel, à expliquer sa manière de raisonner, et à laisser son interlocuteur libre de choisir une autre argumentation.

### La suprématie du théologique se perd

Un bon nombre d'intellectuels religieux viennent des sciences (sciences « dures » ou sciences humaines) et de la philosophie. Réduire leur science, comme le fait la théologie classique, au rôle de servante de la doctrine religieuse, est ressenti comme du mépris. Prétendre que toute la science est dans le Coran est inacceptable, dire que l'homme n'a pas changé est difficilement soutenable.

Sur de nombreux sujets débattus dans le monde musulman (égalité des sexes, statut de la femme, liberté religieuse), les clercs ont leurs opinions, et le discours clérical, plein de postulats non légitimés, ne trouve pas d'écho parmi les jeunes. En ce qui concerne l'égalité des sexes, les théologiens se contentent souvent d'affirmations non fondées : « l'inégalité est nécessaire à l'équilibre social et familial » dit Motahhari. De manière typique, ici, les intellectuels religieux ont un a priori inverse, le principe d'égalité. Beaucoup d'intellectuels post-révolutionnaires éludent la question des femmes, et restent silencieux sur des thèmes comme l'apostasie, l'hérésie.

### Les ressources financières et matérielles

Il n'y a pas que la différence d'esprit qui existe. L'institution cléricale prétend avoir une légitimité qui lui confère une autorité,

.........................

150- Le titre de Docteur est très valorisant pour les intellectuels. Les clercs qui sont passés par l'université et ont soutenu une thèse se présentent comme Docteur pour donner plus de poids à leur argument.

et son action s'appuie aussi sur des avantages matériels. L'institution a des ressources financières et matérielles qui lui donnent du poids et du pouvoir. Ainsi, le revenu des apprentis clercs des écoles théologiques dépend de la haute hiérarchie religieuse. De même, des argumentations de traitement dépendent d'examens, dont les critères sont définis par la hiérarchie religieuse traditionnelle. Le poids de l'institution est considérable. Cette dépendance financière du clergé est un problème qui fait l'objet de vives critiques, même de l'intérieur.

### Des lieux institutionnels d'expression

Il existe d'autres dissymétries entre le clergé officiel et les leaders religieux laïcs. Les lieux institutionnels de rassemblement, de discussion, de transmission du savoir des uns et des autres n'ont pas le même statut. Massivement, la vie matérielle qui conditionne la transmission du savoir religieux dépend du clergé, qui a mainmise sur l'enseignement religieux, et contrôle les écoles théologiques et les mosquées. À une époque, l'indépendance financière du clergé lui a donné une liberté vis-à-vis du pouvoir politique et de l'État. Ceci a permis un lien privilégié entre le clergé et le peuple. Avec le pouvoir clérical actuel, l'indépendance du clergé par rapport à l'État disparaît. La confusion des pouvoirs risque d'être préjudiciable, selon certains clercs, au bon fonctionnement de la religion. Le monopole clérical est donc aujourd'hui contesté. Longtemps toutes les institutions étaient sous domination cléricale. Un Shariati, pour s'exprimer, ne peut le faire que grâce à création du centre « *Hosseinieh Ershad* ». Il organisera plusieurs séminaires et les publications de ces séminaires, ont mis en avant une nouvelle vision de l'histoire de l'Islam.

### L'apparence vestimentaire

L'apparence vestimentaire peut paraître une divergence mineure. L'habit (surtout clérical) est un signe distinctif. Le vêtement peut créer une différence de nature entre le clerc et le laïc. Il confère une légitimité à qui le porte, et cette légitimité peut rendre son propos indiscutable. Sa parole possède traditionnellement un statut de vérité. Elle n'est pas une proposition, mais une assertion inconditionnelle.

Ce « détail » a une importance particulière en Iran. Le tribunal qui juge les crimes et les délits commis par le clergé, statue sur le droit et l'aptitude à porter l'habit. Le tribunal ne laisse donc pas d'indépendance réelle à la religion, mais établit une confusion de pouvoir. Ce tribunal, mis en place dès le début de la Révolution, a procédé à une « épuration » des clercs ayant collaboré avec le Shah, et continue sa surveillance du clergé. L'interdiction du port de l'habit est une déchéance. On défroque. Plusieurs clercs contestataires ont été frappés par la décision de ce tribunal.

## Vision du monde

Tous ces signes dénotent de visions du monde différentes. La vision cléricale insiste sur les pratiques rituelles étroitement liées aux piliers de l'Islam. Les intellectuels sont réticents devant cette vérité figée. Selon eux, les formes que l'Islam a prises au cours de son histoire sont relatives, et il faut apprendre à garder à l'esprit cette relativité pour en connaître l'essence. D'où un pluralisme, central dans leurs perspectives. Ils s'inscrivent dans leur temps, et non dans cette intemporalité d'une sagesse « traditionnelle ».

Le pluralisme, soutenu par les intellectuels, fait qu'ils refusent de penser que l'État islamique puisse être détenteur de « la » Vérité. L'Islam, comme le montrent les travaux de ces intellectuels religieux, possède différentes incarnations. Ce fait est fondamental dans le besoin de déconstruction qui devrait selon eux, permettre d'aller plus facilement à l'essentiel. Ceci les place en rupture avec une vision fondée sur le seul droit canon. Cette possibilité d'accéder à la connaissance religieuse sans le clergé le discrédite. La revendication d'un « Protestantisme Islamique » devient importante, et a une grande similitude avec celle qui unit la Renaissance et le Protestantisme. Modernité, refus du pouvoir religieux centralisé (celui de la papauté, de l'inquisition et des indulgences) ; exigence de droits de l'individu (liberté d'opinion ou de religion, par exemple). La réforme protestante est liée, historiquement, à un état d'esprit qui personnalise, diffuse les moyens de penser par soi-même. La vision individualiste, mystique, non cléricale, malgré les variantes, est partagée par les grands leaders du groupe des « intellectuels religieux ».

## Les caractéristiques de la dynamique nouvelle

Les intellectuels religieux déconstruisent la tradition religieuse, pour y trouver, entre autres, une vision différente de l'Homme. La société traditionnelle exerce de nombreuses pressions sur l'individu afin de le rendre stéréotypé.

La société contemporaine a une autre conception. Elle recherche l'épanouissement de l'individu. En insistant sur le fait que la prière permet une relation personnelle à un Dieu « plus proche de moi que ne l'est ma veine jugulaire », le Coran désigne une piste que la spiritualité moderne va saisir. Le rapport s'individualise, se personnalise. Nait alors le processus de subjectivation. Chacun a sa propre expérience de la religion.

Le fait d'avoir conscience de la possibilité d'une relation personnelle avec la transcendance, incite à penser qu'il peut en être de même pour autrui. L'altérité est alors un nouveau pôle important. Cette altérité ouvre la voie vers la tolérance. Dans l'expérience de l'altérité, l'autre est à la fois loin de moi et très proche.

La dimension interpersonnelle a son intérêt. Soroush est sensible à une autre dimension, plus culturelle. Il remarque la diversité de l'Islam. Il met en évidence l'existence de différentes confessions au sein de l'Islam. Il montre également la diversité de l'expression religieuse à l'intérieur de chaque branche de l'Islam. Cette diversité, si elle est reconnue et acceptée selon le principe du pluralisme religieux, ne conduit pas à la guerre, ni au conflit. Chacun, dans sa culture, peut accéder à une expérience religieuse, qu'il peut développer en fonction de sa culture. Pour lui, toutes ces expériences se valent, ou tout au moins, nous n'avons pas à les juger.

### Rationalisation de la pensée religieuse

La thématique de la rationalité est présente chez les intellectuels musulmans et la rationalisation de la pensée religieuse est l'un des axes de leur engagement théorique. De toute évidence, les intellectuels religieux utilisent la raison comme un outil indispensable pour rester en harmonie avec la modernité. Ils ont confiance dans cet outil qui a fait ses preuves, et qui leur permet des découvertes. On est loin du principe traditionnel de l'« imitation » (*taglid*), où chaque personne prend en référence un maître qui devient son modèle de vie. Ici, les intellectuels religieux veulent rendre à l'Islam sa liberté, sa créativité, son droit à la découverte. La raison les réconcilie avec la modernité. L'adhésion de foi résulte d'une démarche personnelle, mais elle intègre tous les apports vitaux, ceux des sciences et des autres connaissances, comme ceux de l'expérience personnelle. Une attention forte se fait au niveau de l'étude des textes et il semble que pour ces intellectuels, la réinterprétation libre fasse partie de la créativité. Le chiisme a ouvert « les portes de l'interprétation », pour permettre à la communauté de penser par elle-même et d'entrer dans une optique de découverte. La modernité, pour Shabestari, c'est accepter la liberté de la création. Quand il demande la « réouverture des portes de l'interprétation » (*ijtihâde*), c'est cette confiance dans l'avenir qu'il invoque.

Ce désir de libération par la raison prend d'autres formes intéressantes chez Soroush. Il réfléchit à la sacralisation, et donne un nouvel éclairage. Pour lui, selon le temps et les époques, des choses se sacralisent, d'autres se désacralisent. Sacraliser les attitudes héritières et les savoirs religieux, reste la marque d'une vision maximaliste de l'Islam. Les minimalistes, eux, s'interrogent sur le sens du sacré. L'attitude minimaliste diminue l'espace du sacré, ce qui permet la rationalisation et la sécularisation. Soroush crée ainsi un espace où le processus de sécularisation peut devenir endogène à la religion. La sécularisation récuse l'excès de sacralisation. Elle ne supprime pas le sacré. Selon Soroush ce serait presque une libération des faux dieux qui nous habitent. Ârash Narâghi défend cet avis.

> *« Bien évidemment, les intellectuels religieux défendent et approfondissent une sécularisation qui ne dément pas le sacré, conciliant le temporel (commun) et le sacré. Ce qu'ils défendent est une sécularisation minimale, contre la sécularisation maximale qui réduit le sacré au temporel. »*[151]

Séparant essence et contingence, forme et contenu, *charia* et esprit de la religion, les intellectuels post-islamistes ouvrent de nouvelles voies, de nouvelles mises en perspectives, qui font que le croyant a devant lui un champ de travail infini, et non plus les limites que voulait instaurer parfois, la tradition.

151- Naraghi A., « A. Soroush va kamâl-e projey-e rowchanfekrièedini » [A. Soroush et la perfection du projet d'intellectualisme religieux], disponible sur: http://www.drsoroush.com/Persian.

# Conclusion

Tout au long de ce livre, il a été question de figures intellectuelles dans le contexte de l'Iran contemporain. Le point essentiel qui rassemble l'ensemble des travaux présentés dans ce livre, est de savoir s'il est possible d'envisager d'autres manières de concevoir la religion musulmane, de vivre la foi dans un monde où les repères sont bouleversés par la mondialisation. Le défi lancé par la modernité, depuis plus d'un siècle, met le monde musulman devant un choix crucial : comment rattraper le retard par rapport à l'Occident, tout en restant fidèle à l'Islam. Le courant réformiste, dont le projet consiste à repenser le rapport entre le monde musulman et l'Occident, s'est divisé en deux tendances. La première veut présenter l'Islam comme un système immuable, total, voire totalitaire et refuse toute approche qui permettrait de concilier l'Islam avec la modernité. Elle soutient l'idée de l'application pure et dure des principes religieux, sans tenir compte des contextes géographiques et politiques. C'est la variante fondamentaliste, intégriste du mouvement réformiste.

La deuxième tendance tente de porter un nouveau regard sur l'histoire de l'Islam, ainsi que sur les sociétés musulmanes. Les tenants de cette tendance cherchent à réformer l'Islam pour qu'il ne soit pas en contradiction avec les principes de la modernité. Cette tendance critique demeure le plus souvent enfermée dans les cercles intellectuels ou des débats universitaires. Il faut attendre la révolution iranienne et l'instauration d'une République islamique, pour qu'émerge un mouvement intellectuel remettant en cause les fondements de l'Islam politique, au nom d'une autre lecture de l'Islam. C'est l'un des paradoxes de la révolution iranienne, favorisant la formation d'une telle élite musulmane.

C'est autour du rapport entre démocratie et religion qu'il faut rechercher la césure entre les penseurs chiites iraniens des années 60/ 70, et leurs héritiers des années 80. La génération de Shariati et Motahhari considère que la religion d'Allah est suffisante pour répondre aux questions de l'humanité. Elle considère que l'Islam n'a pas besoin de la démocratie, car il contient toutes les valeurs universelles. Les penseurs de cette période veulent islamiser la démocratie.

La génération des années 80 connaît l'expérience de la politisation de l'Islam, le déclin du communisme et la fin des utopies émancipatrices. Par une prise de conscience du danger de l'instrumentalisation de la religion par sa politisation, cette génération propose une lecture de l'Islam compatible avec la démocratie. C'est ce que l'on pourrait appeler la démocratisation de l'Islam. Dans cette perspective, c'est la religion qui doit s'adapter à la démocratie, et non l'inverse. Pour paraphraser Soroush, on peut dire que l'Islam se contracte (*ghabz*) pour s'adapter à la démocratie. Le passage de l'islamisation de la démocratie à la démocratisation de l'Islam, est une des nouveautés de la nouvelle génération des intellectuels musulmans iraniens.

Les penseurs chiites de la période post-révolutionnaire, par une lecture humaniste, participent à l'individualisation de l'Islam et ouvrent la voie vers un processus de subjectivation.

On constate une « différentiation entre une religion officielle, qui requiert uniquement des fidèles, l'observation minutieuse des pratiques prescrites, et une religion de l'intériorité qui implique, sur un mode éthique, l'appropriation personnelle des vérités religieuses par chaque croyant »[152].

152- Hervieu-Léger D., *Le pèlerin et le converti,* Paris, Flammarion, 2001.

# Bibliographie


Benzine R. (2004), *Les nouveaux penseurs de l'Islam*, Paris, Albin Michel.

Bouamran C. & Gardet L. (1991), *Panorama de la pensée Islamique*, Paris, Sinbad.

Eshkevâri H. (2002), *« Khérad dar ziafaté din »* (La raison au banquet de la religion), Téhran, éd., Ghassideh.

Filali-Ansary A. (2003), *Réformer l'Islam ? Une introduction aux débats contemporains,* Paris, La Découverte.

Kadivar M. (1998), *« Nazarihayé dolat dar féghé shié »* (Les conceptions de l'État dans le droit chiite), Téhéran, éd., Nashré Ney.

Kadivar M. (1998), *« Kokoumaté valai »* (Le pouvoir du gouvernement islamique), Téhéran, éd., Nashré Ney.

Khosrokhavar F. (1993), *L'utopie sacrifiée. La sociologie de la révolution iranienne,* Paris, FNSP.

Khosrokhavar F. (1994), « Les intellectuels post-islamistes en Iran » *Awal*, n° 11.

Khosrokhavar F. et Roy O. (1999), *Iran : comment sortir d'une révolution religieuse ?* Paris, Seuil.

Mervin S. (2000), *Histoire de l'Islam fondements et doctrines*, Paris, Flammarion.

Motahhari M., « *Nehzaté eslâmi dar .rad râlé akhir* » (Le mouvement islamique dans les cent dernières années), Téhéran, ed., Sadra, sd.

Motahhari M., « *Pirâmouné énghélâbé eslâmi* » (À propos de la Révolution islamique), Téhéran, ed., Sadra, sd.

Mottaghi M. (2007), « Soroush ; un itinéraire intellectuel », in. *Les Mondes chiites et l'Iran*, Sabrina Mervin (dir.), Paris / Beyrouth : éd., Karthala.

Mottaghi M. (2011), La question de l'Occident dans les débats intellectuels en Iran, revue *EurOrient*, n° 31-Année, p. 124 -145.

Mottaghi M., « Rochanfekran-e eslahtalab-e dini va djame'e mdani » [Les intellectuels réformateurs religieux et société civile], revue *Iran Nameh*, 19e année, USA, éd., Iran Nâmeh, p. 493-520.

Mottaghi M., « Tadâvom-e mirâsse shari'ati dar rowchanfekri-e dini-e emrouz » [La continuité de l'héritage de Shariati dans l'intellectualisme religieuse d'aujourd'hui], Téhéran, revue *Âftâb*, juin 2003, n° 26, p. 4-11.

Mottaghi M.( 2002), « karnameh kamyabé soroush » ([Le bilan satisfaisant de Soroush). Téhéran, revue *Âftâb*, septembre, n° 19, p. 44-51.

Richard Y. (1990), Clercs et intellectuels dans la République islamique d'Iran, in : *Intellectuels et militants de l'Islam contemporain,* Gilles Kepel et Yann Richard, Paris, Seuil.

Shabestari M. (1996), « *Hérménotique, kétab va sonat* » (Herméneutique, le Coran et la tradition), Téhéran, éd., Tarhé now.

Shabestari M. (1997), « *Iman va azadi* » (La foi et la liberté), Téhéran, éd. Tarhé now.

Shabestari M. (2000), *« Naghdi bar gharaaté rasmi az din »* (Une critique de la lecture officielle de la religion), Téhéran, éd., Tarhé now.

Shayegan D. (1982), *Qu'est-ce qu'une révolution religieuse ?* Paris, Les Presses d'aujourd'hui.

Shayegan D. (1989), *Le regard mutilé, Schizophrénie culturelle : Pays traditionnels face à la modernité,* Paris, Albin Michel.

Soroush A., *« Ghabz va basté théotéorique sharia »*(Contraction et Dilatation théorique de la *charia*), Téhéran, éd., Serat.

Soroush A. (1999), *« Basté tajroné nabavi »* (L'expansion de l'expérience prophétique).

Soroush A. (2001), *« Akhlaghé khodayan »* (La moral des Dieux), Téhéran, éd., Tarhé now, 2001.

Soroush A. (2000), *« Ainé shahriaré va dindari »* (Les doctrines de la cité et de la religion), Téhéran, éd., Sérat.

# Index

## A



## B

## D



## E



## F



## G



## H



## I



## J

## K



## L



## M

## N



## P



## R



## S

## T



## Y

# Table des matières

**L'HARMATTAN, ITALIA**
Via Degli Artisti 15; 10124 Torino

**L'HARMATTAN HONGRIE**
Könyvesbolt ; Kossuth L. u. 14-16
1053 Budapest

**ESPACE L'HARMATTAN KINSHASA**
Faculté des Sciences sociales,
politiques et administratives
BP243, KIN XI
Université de Kinshasa

**L'HARMATTAN CONGO**
67, av. E. P. Lumumba
Bât. – Congo Pharmacie (Bib. Nat.)
BP2874 Brazzaville
harmattan.congo@yahoo.fr

**L'HARMATTAN GUINÉE**
Almamya Rue KA 028, en face du restaurant Le Cèdre
OKB agency BP 3470 Conakry
(00224) 60 20 85 08
harmattanguinee@yahoo.fr

**L'HARMATTAN CAMEROUN**
BP 11486
Face à la SNI, immeuble Don Bosco
Yaoundé
(00237) 99 76 61 66
harmattancam@yahoo.fr

**L'HARMATTAN CÔTE D'IVOIRE**
Résidence Karl / cité des arts
Abidjan-Cocody 03 BP 1588 Abidjan 03
(00225) 05 77 87 31
etien_nda@yahoo.fr

**L'HARMATTAN MAURITANIE**
Espace El Kettab du livre francophone
N° 472 avenue du Palais des Congrès
BP 316 Nouakchott
(00222) 63 25 980

**L'HARMATTAN SÉNÉGAL**
« Villa Rose », rue de Diourbel X G, Point E
BP 45034 Dakar FANN
(00221) 33 825 98 58 / 77 242 25 08
senharmattan@gmail.com

**L'HARMATTAN TOGO**
1771, Bd du 13 janvier
BP 414 Lomé
Tél : 00 228 2201792
gerry@taama.net

641283 - Février 2016
Achevé d'imprimer par

1livre.com
du rêve à la réalité !